Impressum
Verlag: BABADADA GmbH, Nedderfeld 112 , 22529 Hamburg
Geschäftsführer / Verlagsleitung: Harald Hof
Druck: Books on Demand GmbH, In de Tarpen 42, 22848 Norderstedt

Imprint
Publisher: BABADADA GmbH, Nedderfeld 112 , 22529 Hamburg, Germany
Managing Director / Publishing direction: Harald Hof
Print: Books on Demand GmbH, In de Tarpen 42, 22848 Norderstedt

el colegio

ቤት-ትምህርቲ

el aula
ክፍሊ, ክላስ

dividir
መቀለ

186/2

el pizarrón
ሰሌዳ

el patio de la escuela
ቀጽሪ ቤት-ትምህርቲ

el maestro
መምህር

el papel
ወረቐት

escribir
ጸሓፈ

la birome
መጽሓፊ

el escritorio
ጣውላ ምጽሓፍ

el alumno
ተመሃራይ

la regla
መስመር

el libro
መጽሓፍ

la mochila

ሳንጣ ትምህርቲ

la caja de lápices

ሰፈር ብርዒ

el lápiz

ርሳስ

el sacapuntas

መብልሒ ርሳስ

la goma (de borrar)

መደምሰሲ

el bloc de dibujo

ጥራዝ ስእሊ

el dibujo

ስእሊ

el pincel

ብርሓ ቀለም

la caja de pinturas

ቦክስ ቀለም

la tijera

መቐስ

el pegamento

መጣበቒ

el cuaderno de ejercicios

ጥራዝ መላመዲ

la tarea

ዕዮ ገዛ

12

el número

ቁጽሪ

2+2

sumar

ወሰኽ

5-2

restar

ጎደለ

2×2

multiplicar

ረብሓ

calcular

ደመረ

A

la letra

ፊደል

ABCDEFG
HIJKLMN
OPQRSTU
VWXYZ

el abecedario

ስርዓት ፊደላት

hello

la palabra

ቃል

el texto

ጽሑፍ

leer

ኣንበበ

la tiza

ኩርሽ

la lección

ሰዓት

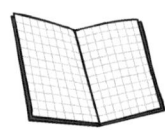

el cuaderno de clase

መዝገብ ክላስ

el examen

መርመራ

el certificado

ሰርቲፌከት

el uniforme escolar

ድቢዛ ቤትትምህርቲ

la educación

ትምህርቲ

la enciclopedia

ለክሲኮን

la universidad

ዩኒቨርሲቲ

el microscopio

ሚክሮስኮፕ

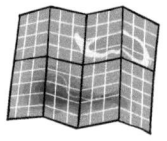

el mapa

ካርታ

el tacho (de basura)

ጎሓፍ ወረቐት

el viaje

መገሻ

el hotel
መቐበሊ ኣጋይሽ
Grand
el hostel
ሆስተል
ROOMS
la casa de cambio
ቦታ ቅያር ገንዘብ
la valija
ባሊጃ
el auto
መኪና

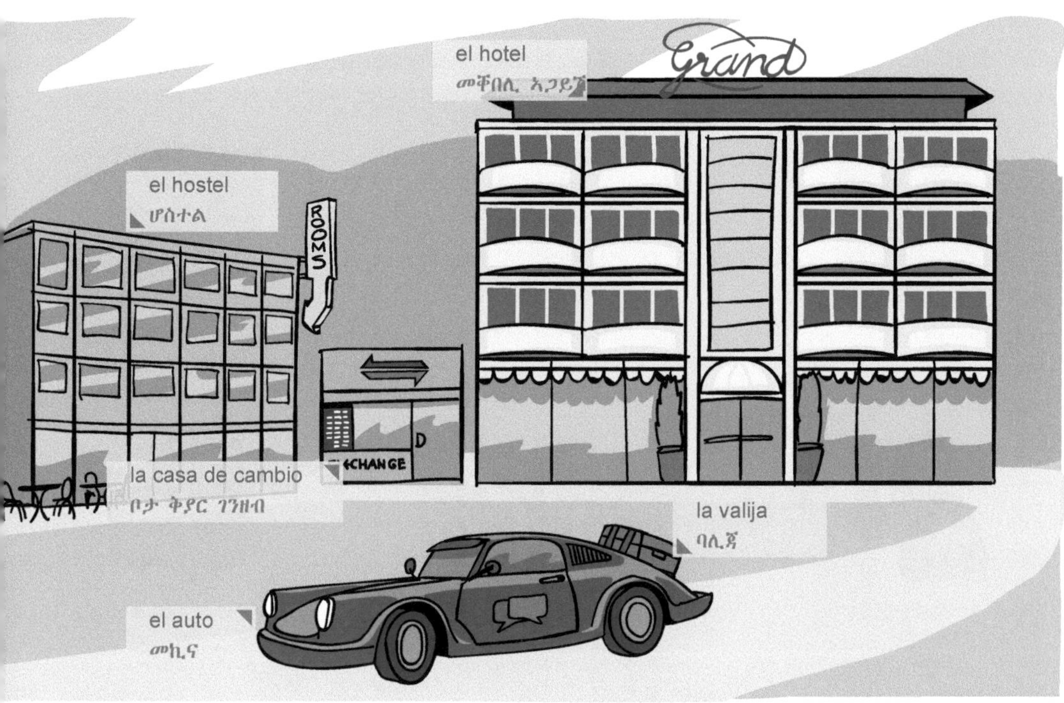

el idioma

ቋንቋ

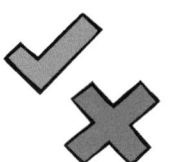

sí / no

እወ / ኖ

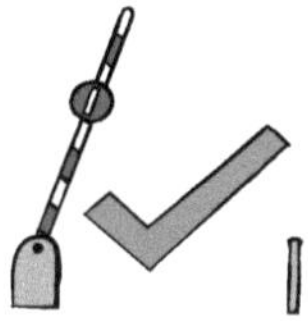

Está bien

ሕራይ

hola

ሰላም

el traductor

ኣስተርጓሚ

Gracias

የቐንየለይ

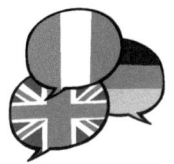

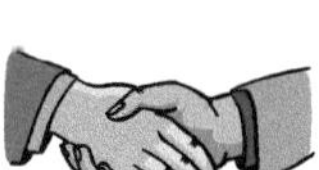

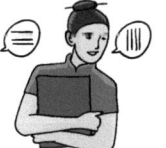

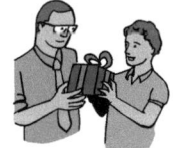

¿cuánto cuesta...?
. . . ክንደይ ዋግኡ?

No entiendo
አይተረድአኹን

el problema
ሽግር

¡Buenas tardes!
ሰላም ምሸት!

¡Buenos días!
ከመይ ሓዲርካ

¡Buenas noches!
ሰላም ለይቲ

el adiós
ደሓን ኩን

la dirección
ኣንፈት

el equipaje
ጉዓዝ

el bolso
ሳንጣ

la mochila
ሳንጣ ሕቖ

el invitado
ጋሻ

la habitación
ክፍሊ

la bolsa de dormir
ክሻ መደቓሲ

la carpa
ቴንዳ

la información turística

ሓበሬታ በጻሕቲ ሃገር

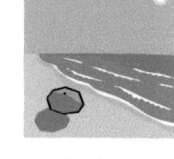

la playa

ገምገም ባሕሪ

la tarjeta de crédito

ክሬዲት ካርድ

el desayuno

ቁርሲ

el almuerzo

ምሳሕ

la cena

ድራር

el pasaje

ቲከት

el ascensor

ሊፍት

el sello

ማሕተም ደብዳበ

la frontera

ዶብ

la aduana

ድንና

la embajada

ኣምበሲ

la visa

ቪዛ

el pasaporte

ፓስፖርት

el transporte

መጓዓዝያ

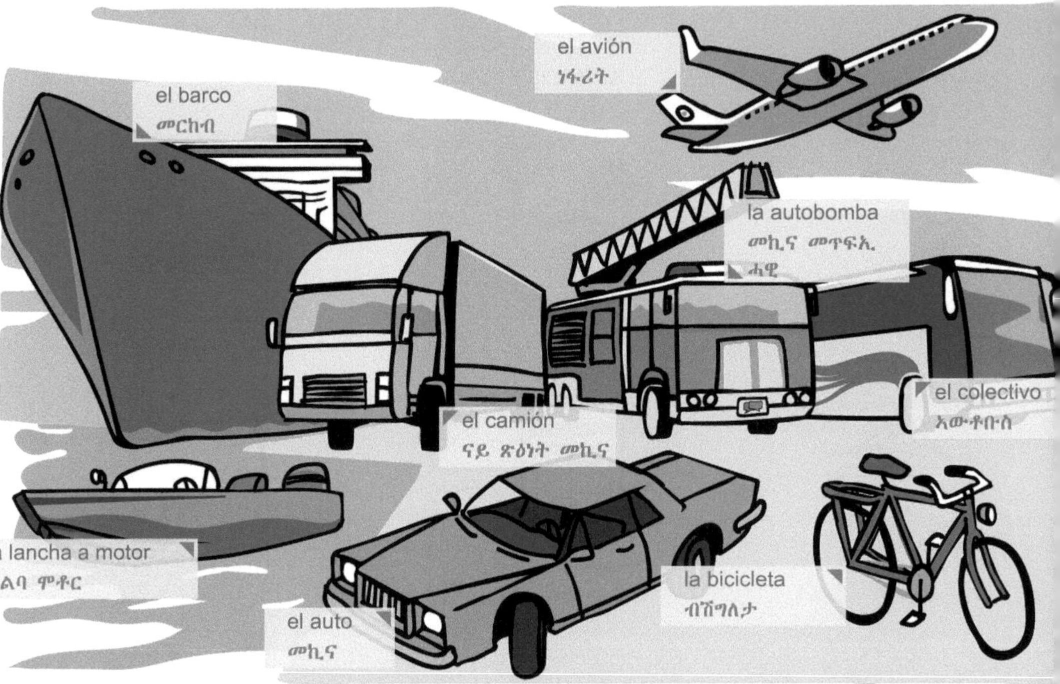

el avión
ነፋሪት
el barco
መርከብ
la autobomba
መኪና መጥፋኢ ሓዊ
el colectivo
አውቶቡስ
el camión
ናይ ጽዕነት መኪና
la lancha a motor
ጀልባ ሞቶር
la bicicleta
ብሽግለታ
el auto
መኪና

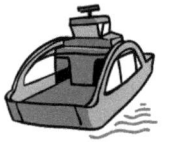

el ferry

ፈሪ

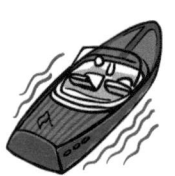

el bote

ጀልባ

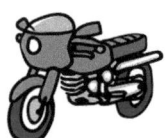

la moto

ሞቶ

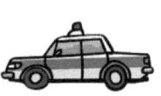

el patrullero

መኪና ፖሊስ

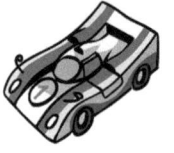

el auto de carreras

መኪና ቅድድም

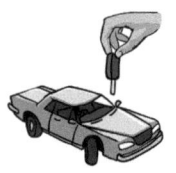

el auto de alquiler

ክራይ መኪና

el alquiler de autos

ምውፋይ መካይን

la grúa

መወሰዲ መኪና

el camión de la basura

መኪና ጎሓፍ

el motor

ሞቶር

la nafta

ነዳዲ

la estación de servicio

እንዳ ነዳዲ

la señal de tránsito

ምልክት ትራፊክ

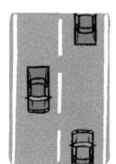

el tránsito

ትራፊክ

el embotellamiento

ምጭቅጫቅ ትራፊክ

el estacionamiento

መዐሸጊ መኪና

la estación de tren

መዕረፊ ባቡር

las vías

ሓዲግ

el tren

ባቡር

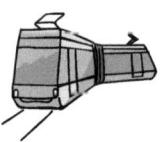

el tranvía

ትረም

el vagón

ባጎኒ

el helicóptero

ሄሊኮፕተር

el aeropuerto

መዓረፈ ነፈርቲ

la torre

ታወር

el pasajero

ተጓዓዚ

el contenedor

ኮንተይነር

la caja de cartón

ሳንዱቅ ካርቶን

la carretilla

ኮርሳ ጽዕነት

la canasta

ዘንቢል

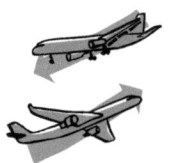

despegar / aterrizar

ተበገሰ / ዓለበ

la ciudad

ከተማ

el pueblo

ቀኻሽት

el centro de la ciudad

ማእከል ከተማ

la casa

ገዛ

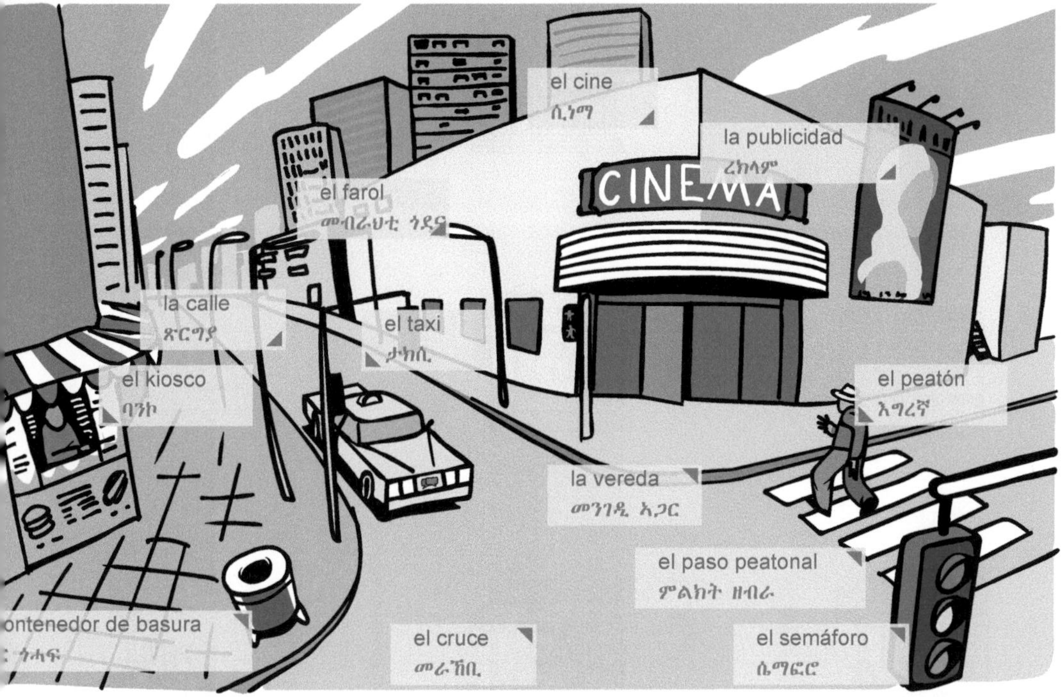

el cine
ሲነማ

la publicidad
ረክላም

el farol
መብራህቲ ጎደና

la calle
ጽርግያ

el taxi
ታክሲ

el kiosco
ጓንኩ

el peatón
እግረኛ

la vereda
መንገዲ እግሪ

el paso peatonal
ምልክት ዘብሪ

ontenedor de basura
ጓሓፍ

el cruce
መራኸቢ

el semáforo
ሴማፎር

la cabaña
ኣጎዶ

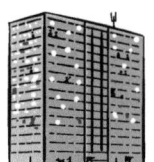

el departamento
ኣፓርትመንት

la estación de tren
መዕረፊ ባቡር

la municipalidad
ቤት ምምሕዳር

el museo
ቤተ መዘከር

el colegio
ቤት-ትምህርቲ

la universidad

ዩኒቨርሲቲ

el banco

ባንክ

el hospital

ሆስፒታል

el hotel

መቆበሊ ኣጋይሽ

la farmacia

ቤት መድሃኒት

la oficina

ቤት ጽሕፈት

la librería

ዱኳን መጽሓፍቲ

el negocio

ዱኳን

la florería

ዱኳን ዕንባባ

el supermercado

ሱፐርማርክት

el mercado

ዕዳጋ

las grandes tiendas

ሹቅ

la pescadería

ነጋዳይ ዓሳ

el centro comercial

ሹቅ

el puerto

መርሳ

el parque

መዘናግዒ

el banco

ባንኪ

el puente

ድልድል

las escaleras

መደያይቦ

el subte

ባቡር ትሕቲ ምድሪ

el túnel

ቢንቶ

la parada del colectivo

መዕረፊ ኣውቶቡስ

el bar

ቤት መስተ

el restaurante

ቤት-መግቢ

el buzón

ሰታሪት

el letrero

ታቤላ

el parquímetro

ሰዓት ፓርኪንግ

el zoológico

መካነ እንስሳታት

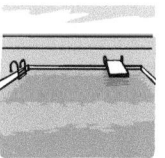

la pileta

መሓምበሲ

la mezquita

መስጊድ

la granja

ቤት ሕርሻ

la contaminación

ብከላ

el cementerio

መቓብር

la iglesia

ቤተክርስትያን

los juegos infantiles

ቦታ ምጽዋት

el templo

ቤት መቕደስ

el paisaje

ስእሊ መሬት

la hoja
ኣቝጽልቲ

el poste indicador
መሕበሪ መገዲ

el camino
መገዲ

la pradera
ሸኻ

la piedra
እምኒ

el árbol
ኣግራብ

el excursionista
ኩብላሊ

el río
ፈለግ

la hierba
ሰዓሪ

la flor
ዕንባባ

el valle

ስንጥሮ

la montaña

ጎቦ

el lago

ቀላይ

el bosque

ዱር

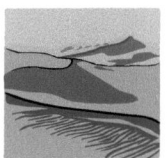

el desierto

ምድረ በዳ

el volcán

እሳተ-ጎመራ

el castillo

ግምቢ

el arco iris

ቀስተ-ደመና

el champiñón

ቃንጥሻ

la palmera

ዓርኮብኮባይ

el mosquito

ጣንጡ

la mosca

ሃመማ

la hormiga

ጻጸ

la abeja

ንህቢ

la araña

ሳሬት

el escarabajo

ሕንዚዝ

la rana

ዕንቅርዖብ

la ardilla

ም፞ጽጹ፞ላይ

el erizo

ቅንፍዝ

la liebre

ማንቲለ

la lechuza

ጉንጓ

el pájaro

ጫፉ

el cisne

ስዋን

el jabalí

መፍለስ

el ciervo

ዓጋዘን

el alce

ሙስ

la presa

ግድብ

el aerogenerador

ተርባይን ንፋስ

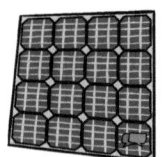

el panel solar

ሶላር ስርሓት

el clima

ኩነታት አየር

el restaurante

ቤት-መግቢ

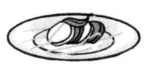

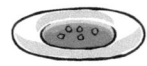

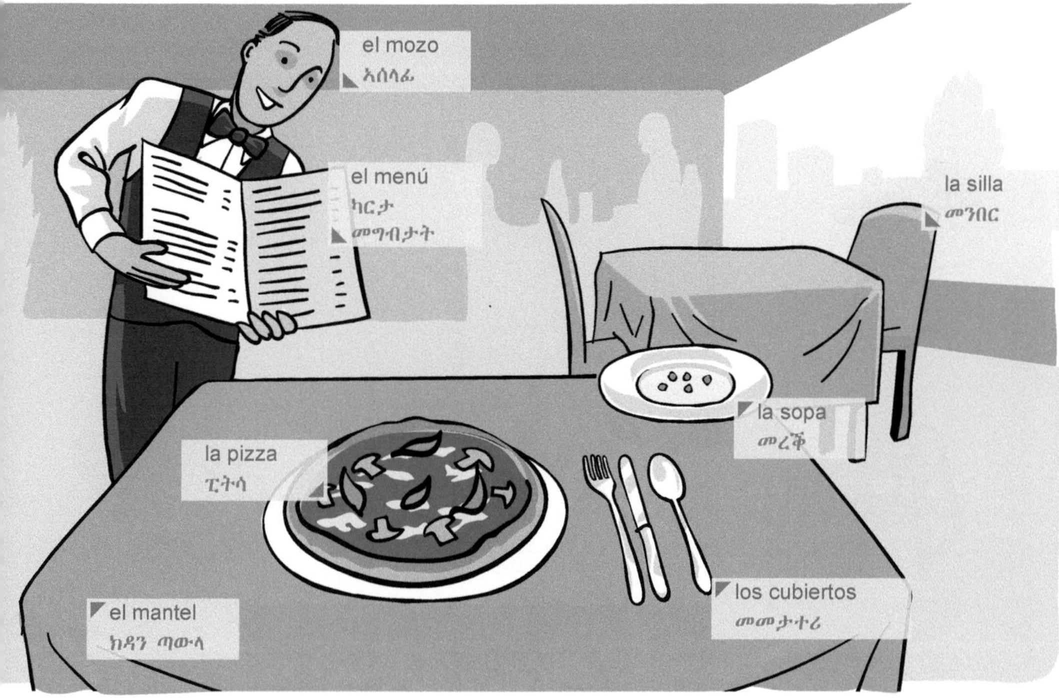
el mozo
አሰላፊ
el menú
ካርታ
መግብታት
la silla
መንበር
la sopa
መረቕ
la pizza
ፒትሳ
los cubiertos
መመቃተሪ
el mantel
ክዳን ጣውላ

la entrada

ቅድመ ቀንዲ መግቢ

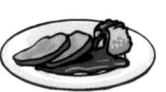

el plato principal

ቀንዲ መኣዲ

el postre

ድሕረ መግቢ

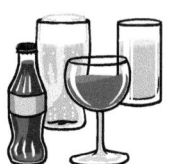

las bebidas

መስተ

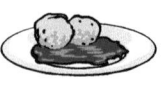

la comida

መግቢ

la botella

ጥርሙዝ

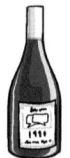

la comida rápida

ስሉጥ መግቢ.

la comida callejera

መግቢ. ጽርግያ

la tetera

ብርጭቆ ሻሂ

la azucarera

ታኒካ ሽኮር

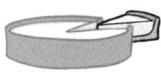

la porción

ክፋል

la cafetera expreso

ማሺን ኤስፕረሶ

la sillita alta

ነዊሕ መንበር

la cuenta

ጸብጸብ

la bandeja

ታብለት

el cuchillo

ካራ

el tenedor

ፉርከታ

la cuchara

ማንካ

la cucharita

ማንካ ሻሂ

la servilleta

ሰርቪየተ

el vaso

ብኬሪ

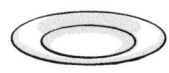

el plato

ሽሓኒ

el plato hondo

ሽሓኒ መረቕ

el plato

ትሕቲ ኩባያ

la salsa

ጸብሒ

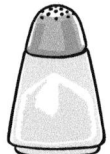

el salero

ወሃቢ ጨው

el molinillo de pimienta

መጥሓን በርበረ

el vinagre

አቾቶ

el aceite

ዘይቲ

las especias

ቀመም

el kétchup

ከቸፕ

la mostaza

አድሪ

la mayonesa

ማዮኔዝ

el supermercado

ሱፐርማርክት

la oferta especial
ወፈያ
FOR
el cliente
ዓሚል
los lácteos
ፍርያታት ጸባ
la fruta
ፍረታት
el changuito
ሰረገላ ዱኳን

BUTCHERS

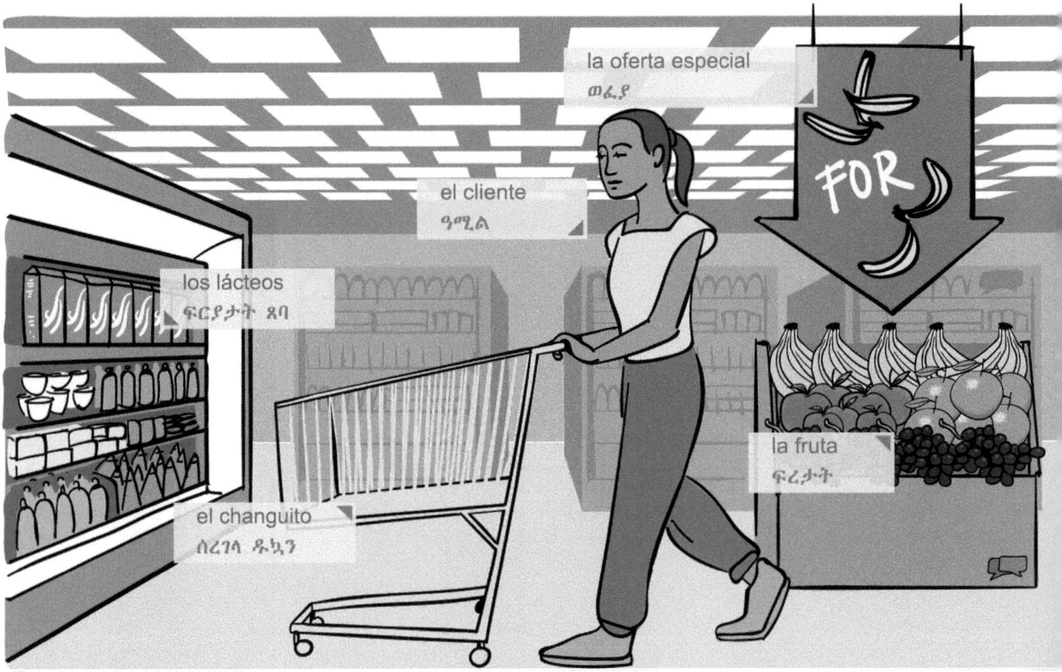

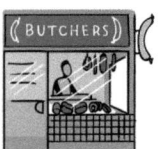

la carnicería

እንዳ ስጋ

BAKERY

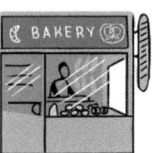

la panadería

እንዳ ባኒ

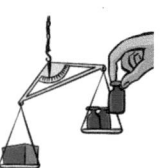

pesar

ክብደት

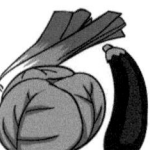

las verduras

ኣሕምልቲ

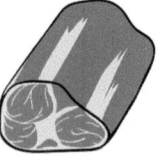

la carne

ስጋ

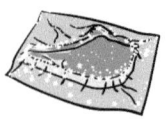

los alimentos congelados

መግቢ ፍሪጅ በረድ

los fiambres

ዝሑል ቅሩብ መግቢ

los alimentos enlatados

እስቃጥላ

el detergente en polvo

አሞ

las golosinas

ምቁር መግቢ

los electrodomésticos

ዘቤታውያን አቕሑ

los productos de limpieza

ናውቲ መጽረዪ

la vendedora

ሸቃጣይ

la caja

ካሳ

el cajero

ተሓዛ ገንዘብ

la lista de compras

ዝርዝር ምግዛእ

el horario de atención

ክፉት ሰዓታት

la billetera

ማሕፉዳ

la tarjeta de crédito

ክረዲት ካርድ

la cartera

ሳንጣ

la bolsa de plástico

ፌስታል

las bebidas

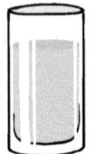

el agua

ማይ

el jugo

ጁማቍ

la leche

ጸባ

la bebida cola

ኮላ

el vino

ነቢት

la cerveza

ቢራ

el alcohol

አልኮል

el cacao

ካካው

el té

ሻሂ

el café

ቡን

el café expreso

ኤስፕረሶ

el cappuccino

ካፑቺኖ

la banana

ባናና

la manzana

ቱፋሕ

la naranja

አራንሺ

el melón

ብርጮቅ

el limón

ለሚን

la zanahoria

ካሮት

el ajo

ጸዕዳ ሽጉርቲ

el bambú

ባምቡስ

la cebolla

ሽጉርቲ

el champiñón

ቅንጥሻ

las nueces

ፉል

los fideos

ፓስታ

los tallarines

ስፓገቲ

el arroz

ሩዝ

la ensalada

ሰላጣ

las papas fritas

ቅልዋ ድንሽ

las papas fritas

ቅሉው ድንሽ

la pizza

ፒትሳ

la hamburguesa

ሃምቡርገር

el sándwich

ፓኒኖ

el churrasco

ቢስተካ

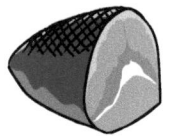

el jamón

ሰለፍ ሓሰማ

el salame

ሳላሚ

la salchicha

ግዕዝም

el pollo

ደርሁ

el asado

ቀለወ

el pescado

ዓሳ

la comida - መግቢ.

los copos de avena

ገዓት

el muesli

ሙስሊ

los copos de maíz

ኮርንፍለይክስ

la harina

ሓርጭ

la medialuna

ክሮሶን

el pancito

ባኒ

el pan

ባኒ

la tostada

ቶስት

las galletitas

ብሽኮቲ

la manteca

ጠስሚ

la cuajada

ርግኦ

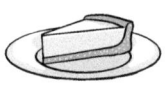

la torta

ፓስተ

el huevo

እንቋቍሖ

el huevo frito

ቅሉው እንቋቍሖ

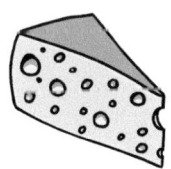

el queso

ፋርማጆ

la comida - መግቢ

25

el helado

አይስ ክሪም

el azúcar

ሽኮር

la miel

መዓር

la mermelada

ጃም

la pasta de chocolate

ኑጋት-ክሪም

el curry

ኩሪ

la comida - መግቢ.

la granja

ቤት ሕርሻ

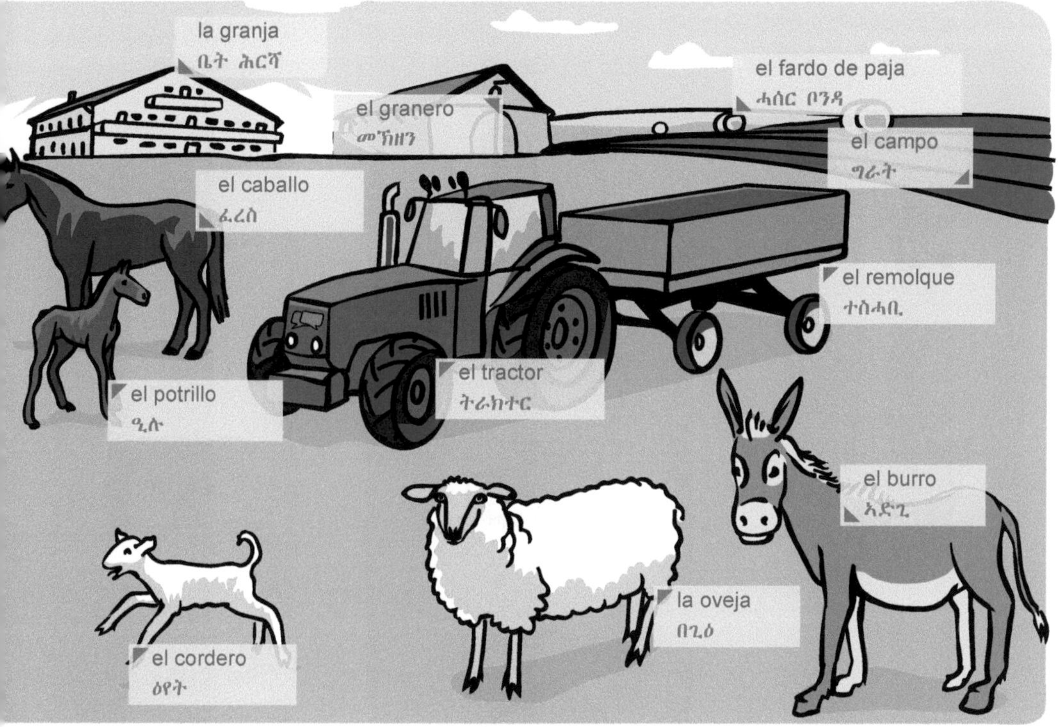
la granja
ቤት ሕርሻ
el granero
መኽዘን
el fardo de paja
ሓሰር ቦንዳ
el campo
ግራት
el caballo
ፈረስ
el remolque
ተስሓቢ
el tractor
ትራክተር
el potrillo
ዒሉ
el burro
ኣድጊ
la oveja
በጊዕ
el cordero
ዕየት

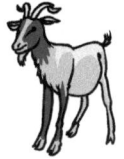

la cabra

ጤል

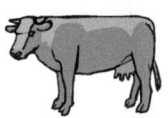

la vaca

ብዕራይ

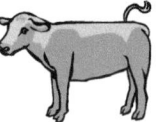

el ternero

ምራኽ

el cerdo

ሓሰማ

el lechón

ውላድ ሓሰማ

el toro

ኣርሓ

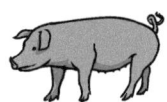

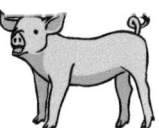

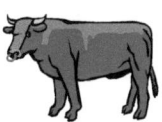

el ganso

ዓሳ

el pato

ማይ ደርሆ

el pollo

ጫቆሊት

la gallina

ደርሆ

el gallo

ኣርሓ ደርሆ

la rata

ኣንጨዋ ዓባይ

el gato

ድሙ

el ratón

ኣንጭዋ

el buey

ብዕራይ

el perro

ከልቢ

la cucha

ኣጉዶ ከልቢ

la manguera

ቱባ ጀርዲን

la regadera

መዝሪፊ ማይ

la guadaña

ዓቢ ማዕጺድ

el arado

ማሕረሻ

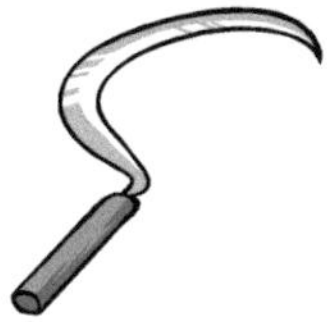

la hoz

....

ማዕጺድ

la azada

....

ጭኽሮ

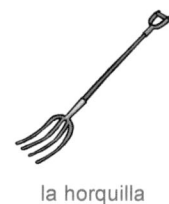

la horquilla

....

መስአ

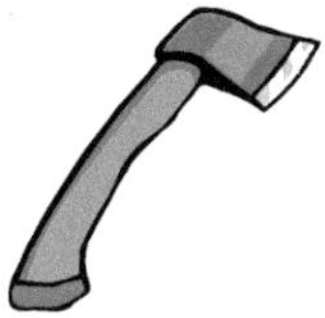

el hacha

....

ፋስ

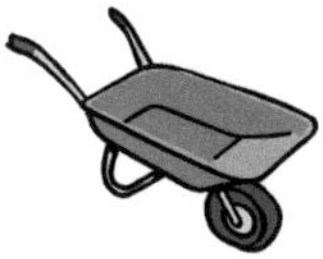

la carretilla

....

ዓረብያ ኢድ

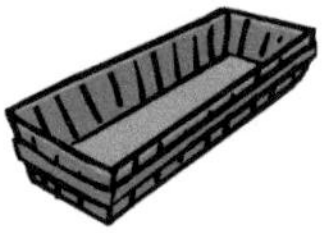

el abrevadero

....

ጋብላ

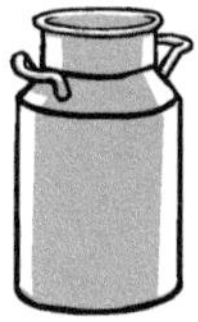

la lechera

....

ብርጭቆ ጸባ

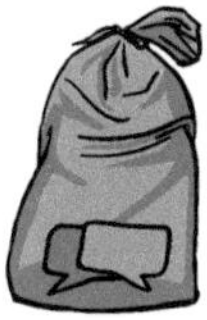

la bolsa

....

ክሻ

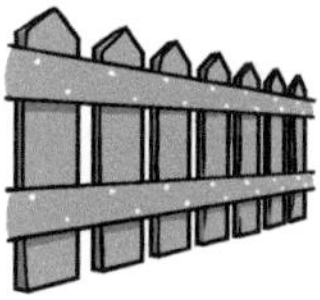

la reja

....

ሓጹር

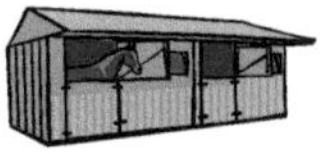

el establo

....

መጓሰስ

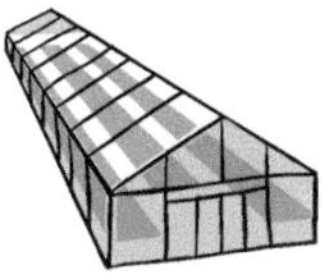

el invernadero

....

ቐጠልያ ገዛ

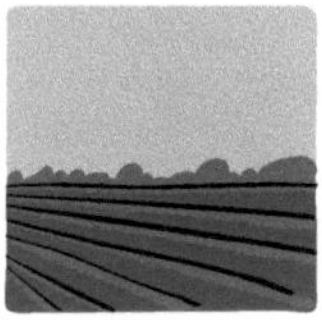

el suelo

....

ባይታ

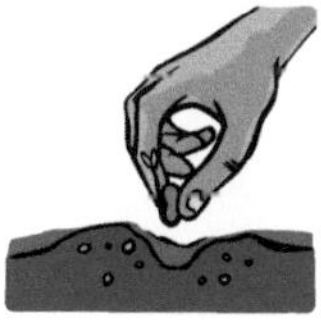

la semilla

....

ዘርኢ

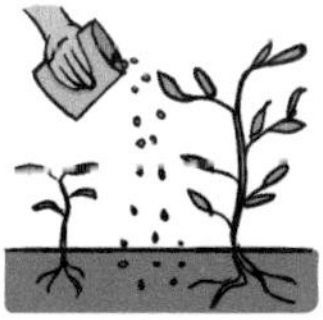

el fertilizador

....

ድኹዒ

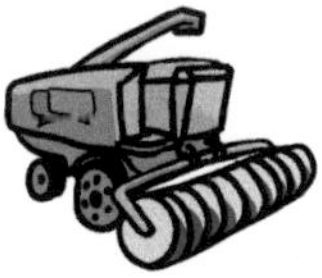

la cosechadora

....

ዘጣምር ቀውዓይ

cosechar

ቀውዐ

la cosecha

ጸማ

las batatas

ድንሽ ያም

el trigo

ስርናይ

la soja

ሶያ

la papa

ድንሽ

el maíz

ዕፉን

la semilla de colza

ራፕስ

el árbol frutal

ገረብ ፍረታት

la mandioca

ማኒኦክ

los cereales

ኦእኻል

la casa

ገዛ

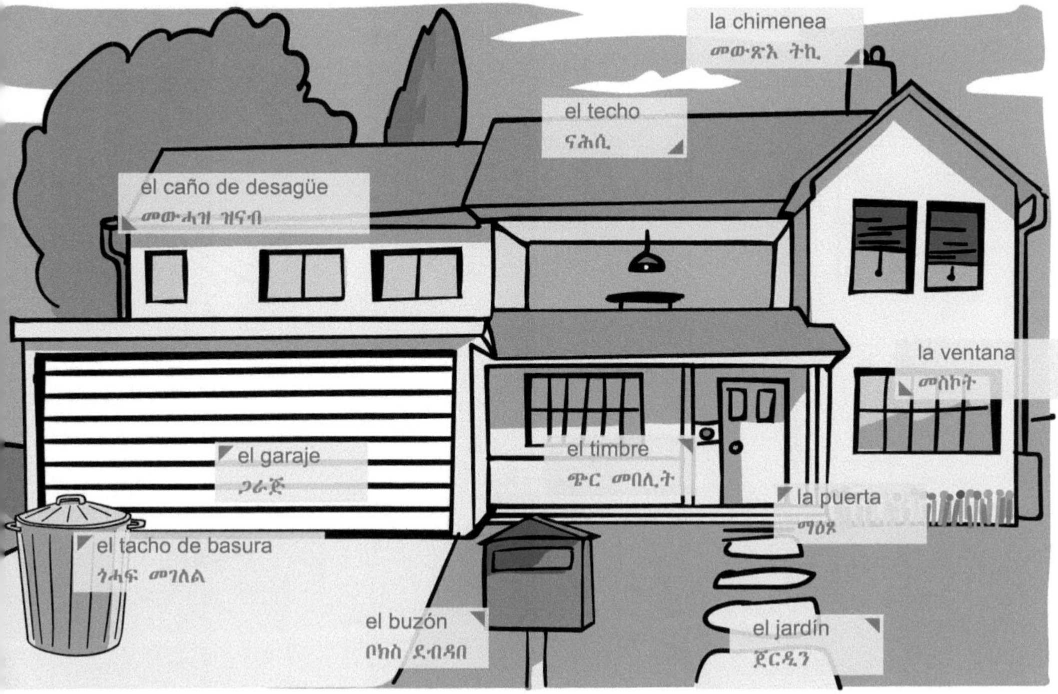
la chimenea
መውጽእ ትኪ
el techo
ናሕሲ
el caño de desagüe
መውሓዝ ዝናብ
la ventana
መስኮት
el garaje
ጋራጅ
el timbre
ጭር መበሊት
la puerta
ማዕጾ
el tacho de basura
ጎሓፍ መገለል
el buzón
ቦክስ ደብዳበ
el jardín
ጀርዲን

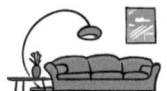

el living

ክፍሊ ምቕማጥ

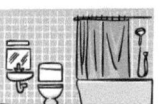

el baño

ክፍሊ ባንዮ

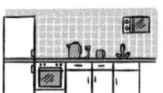

la cocina

ክሽነ

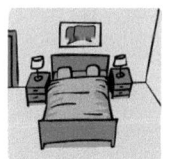

el dormitorio

ክፍሊ መደቀሲ

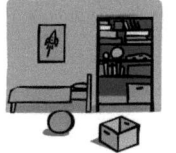

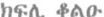

el cuarto de los chicos

ክፍሊ ቆልዑ

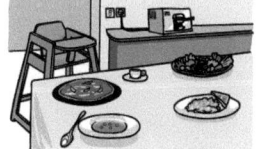

el comedor

መመገቢ ክፍሊ

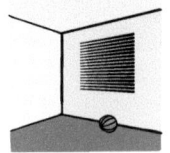

el piso

ባይታ

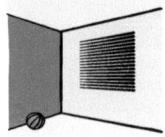

la pared

መንደቅ

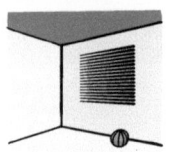

el cielorraso

ከበርታ

el sótano

ካንቲና

el sauna

ሳውና

el balcón

ባልኮን

la terraza

ዛላ

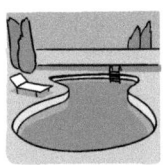

la pileta

መሕምበሲ

la cortadora de pasto

መቑረጺ ሳዕሪ

la sábana

አንሶላ ዓራት

el acolchado

ከበርታ ዓራት

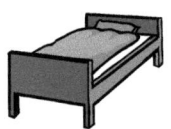

la cama

ዓራት

la escoba

መኹስተር

el balde

መገለል

el interruptor

መወልዒት

el living

ክፍሊ ምቕማጥ

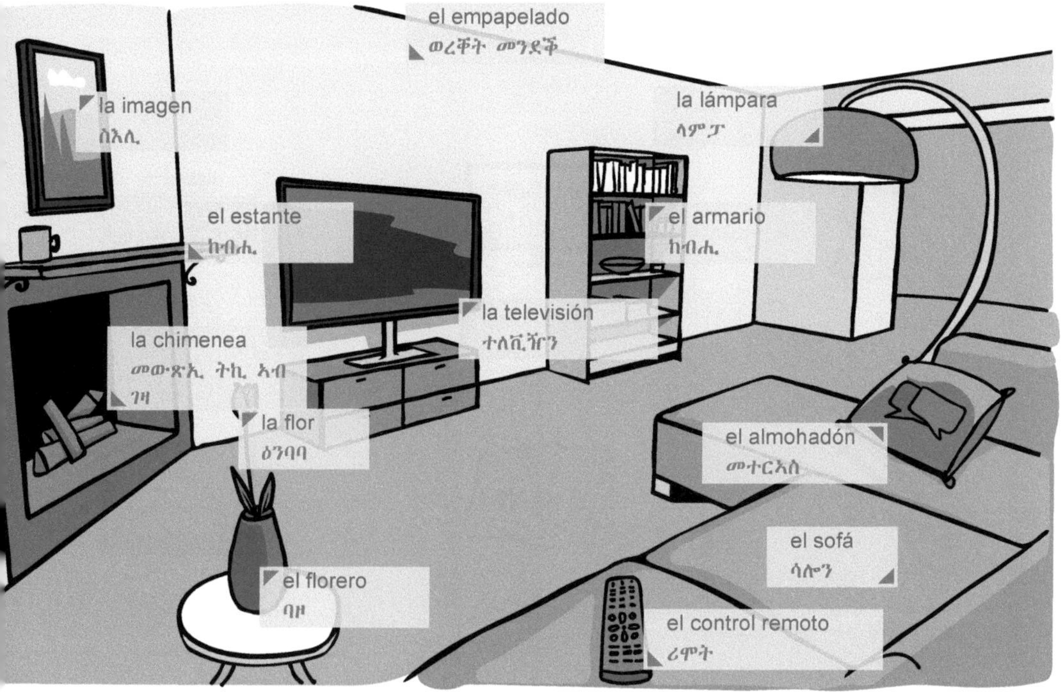

el empapelado
ወረቐት መንደቕ
la imagen
ስእሊ
la lámpara
ላምፓ
el estante
ከብሒ
el armario
ከብሒ
la televisión
ተለቪዥን
la chimenea
መውጽኢ ትኪ ኣብ ገዛ
la flor
ዕንባባ
el almohadón
መተርኣስ
el sofá
ሳሎን
el florero
ባዞ
el control remoto
ሪሞት

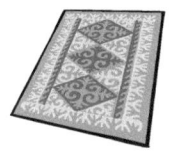

la alfombra

መንጸፍ

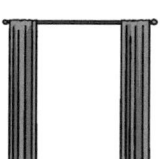

la cortina

መጋረጃ

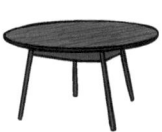

la mesa

ጣውላ

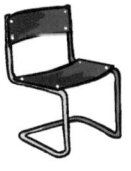

la silla

መንበር

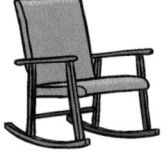

la mecedora

ሰለል ዝብል መንበር

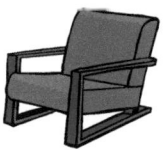

el sillón

መንበር ምቹእ

el libro

መጽሓፍ

la frazada

ከቦርታ

la decoración

ስልማት

la leña

እንጨይቲ ሓዊ

la película

ፊልም

el equipo de música

ስተረዮ

la llave

መፍትሕ

el diario

ጋዜጣ

la pintura

ቕብኣ

el póster

ፖስተር

la radio

ሬድዮ

el cuaderno

ጥራዝ

la aspiradora

መልገሲ ደሮና

el cactus

በለስ

la vela

ሽምዓ

la cocina

ክሽነ

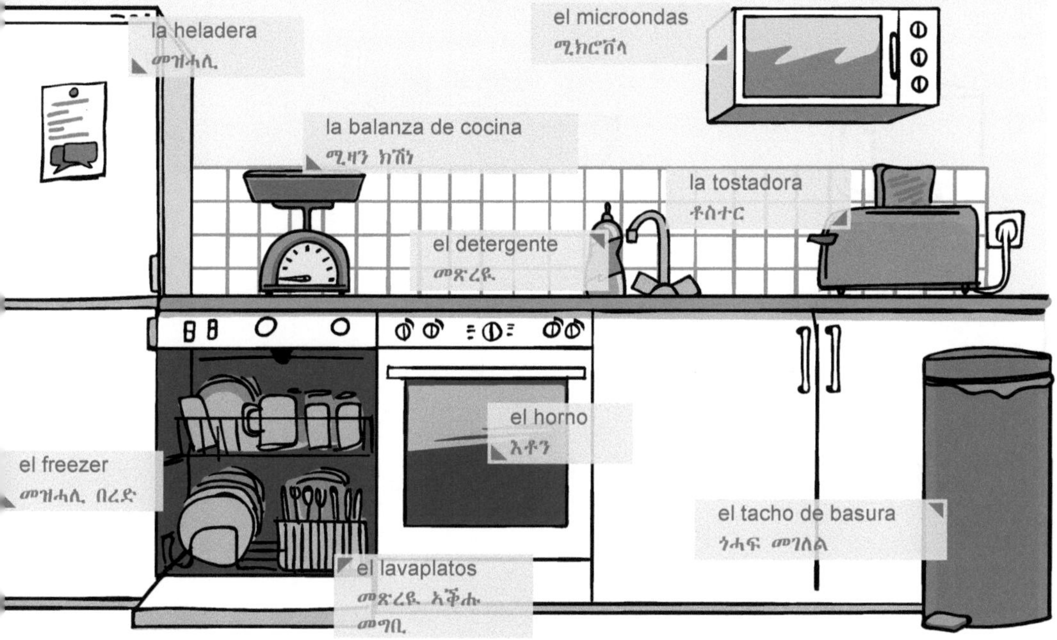

la heladera
መዝሓሊ
el microondas
ሚክሮቨላ
la balanza de cocina
ሚዛን ክሽነ
la tostadora
ቶስተር
el detergente
መጽረዪ
el horno
እቶን
el freezer
መዝሓሊ በረድ
el tacho de basura
ጎሓፍ መገለል
el lavaplatos
መጽረዪ ኣቕሑ መግቢ

la cocina
....
መኸሸኺ

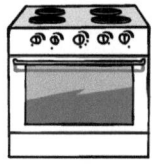

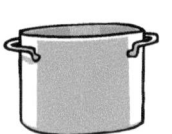

la olla
....
ድስቲ

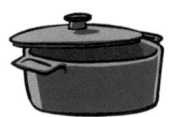

la olla de hierro fundido
....
ድስቲ ሓጺን

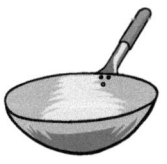

el wok
....
ቮክ/ካዳይ

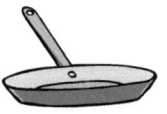

la sartén
....
ባደላ

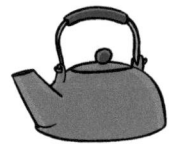

la pava
....
መውዓዪ ማይ

la vaporera

መፍልሒ

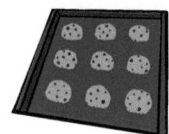

la bandeja de horno

ጎንቴራ ምስንካት

la vajilla

አቅሑ መግቢ

la taza

ብርጭቆ

el bol

ጭሓሎ

los palitos

ማንካቺና

el cucharón

ማንካ መረቅ

la espátula

መገልበጢ ባደላ

la batidora

መኸስተር ውርጪ

el colador

መንፈት መግቢ

el colador

መንፈት

el rallador

መፋሕፍሒ

el mortero

ሞርታር

la parrilla

ባርቢኪዩ

la fogata

ስፍራ ሓዊ

la tabla de picar

እንጨይቲ ምምታር

el palo de amasar

እንጨይቲ ኮረር

el sacacorchos

መኽፈት ቡሽ

la lata

ታኒካ

el abrelatas

መኽፈቲ ታኒካ

la manopla

ጨርቂ ድስቲ

la pileta

ቡምባ

el cepillo

ኣስባስላ

la esponja

ሰፍነግ

la batidora

ሓዋሲ ኣደባላቒ

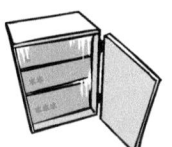

el congelador

መዝሓሊ በረድ

la mamadera

ጥርሙዝ ማማይ

la canilla

ቡምባ ማይ

el baño

ክፍሊ ባንዮ

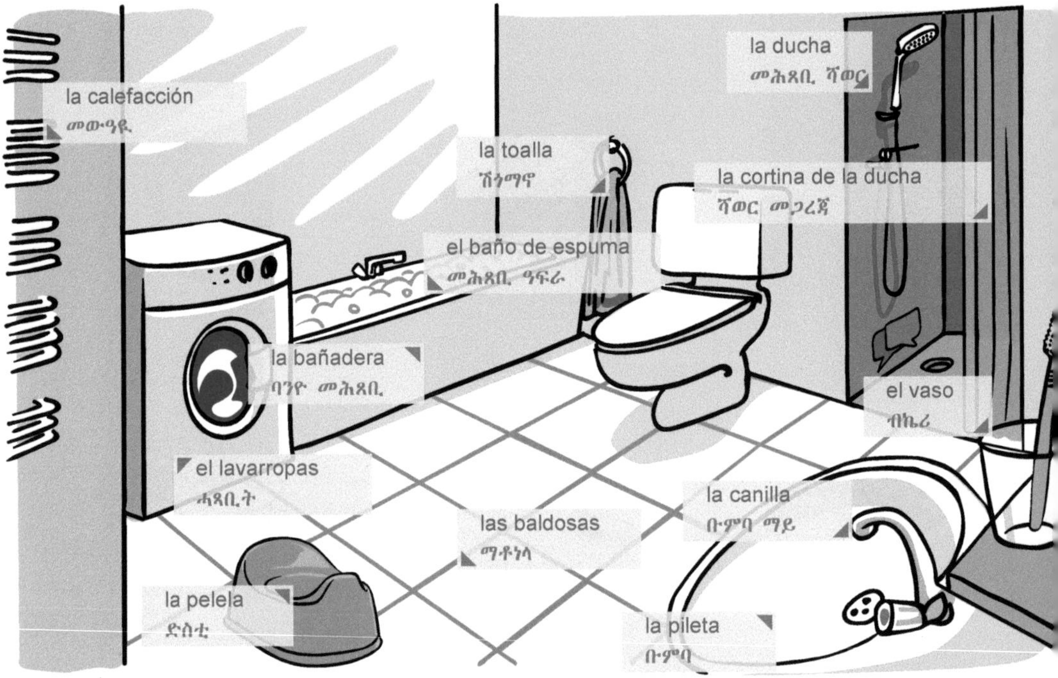
la ducha
መሕጸቢ ሻወር
la calefacción
መውዓዪ
la toalla
ሽጎማኖ
la cortina de la ducha
ሻወር መጋረጃ
el baño de espuma
መሕጸቢ ዓፍራ
la bañadera
ባንዮ መሕጸቢ
el vaso
ብኬሪ
el lavarropas
ሓጻቢት
la canilla
ቡምባ ማይ
las baldosas
ማቶነላ
la pelela
ድስቲ
la pileta
ቡምባ

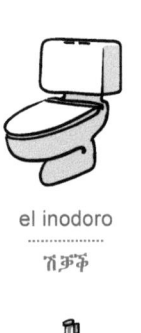

el inodoro

ሽቓቕ

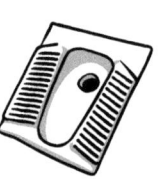

la letrina

ሽቓቕ ኮፍ

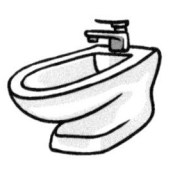

el bidé

በዴ

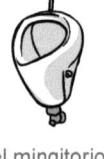

el mingitorio

ሽቓቕ ተባዕታይ

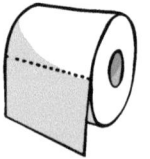

el papel higiénico

ወረቐት ሽቓቕ

el cepillo para el inodoro

ኣስባስላ ሽቓቕ

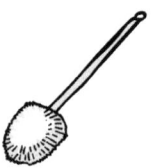

el cepillo de dientes

አስባስላ ስኒ

el dentífrico

ክረማ ስኒ

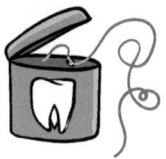

el hilo dental

ሃሪ ስኒ

lavar

ሓጸበ

la ducha de mano

ዱሽ ኢድ

la ducha higiénica

ዱሽ

la palangana

ብርጭቆ ምሕጻብ

el cepillo para la espalda

አስባስላ ሕቖ

el jabón

ሳምና

el gel de ducha

ሻወር ጀል

el shampoo

ሻምፑ

la toallita

ጨርቂ መሕጸቢ

el desagüe

መውሓዚ

la crema

ክረማ

el desodorante

ደዮ ጨና

el espejo

መስትያት

el espejito

ናይ ኢድ መስትያት

la maquinita de afeitar

መላጸ

la espuma de afeitar

ዓፍራ ምልጸይ

el aftershave

ጨና ድሕሪ ምልጸይ

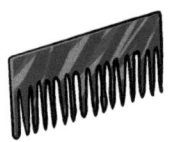

el peine

መመሸጥ

el cepillo

ኣስባስላ

el secador de pelo

መንቆጺ ጸግሪ

el spray

ስፕረይ ጸግሪ

el maquillaje

መመላኸዪ

el lápiz de labios

ብርዒ ቀለም ከንፈር

el esmalte para uñas

ኣዝግልቶ

el algodón

ጸምሪ ጡጥ

la tijera para uñas

መስደዲ ጽፍሪ

el perfume

ጨና

el portacosméticos

ሳንጣ መሕጸቢ

la banqueta

ድኳ

la balanza

ሚዛን

la bata

ክዳን መሕጸቢ

los guantes de goma

ጓንቲ መጸረዪ

el tampón

ታምፖን

la toallita femenina

ጨርቂ ሰበይቲ

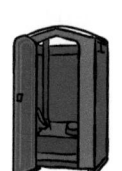

el baño químico

ሽቓቕ ከሚስትሪ

el cuarto de los chicos

ክፍሊ ቆልዑ

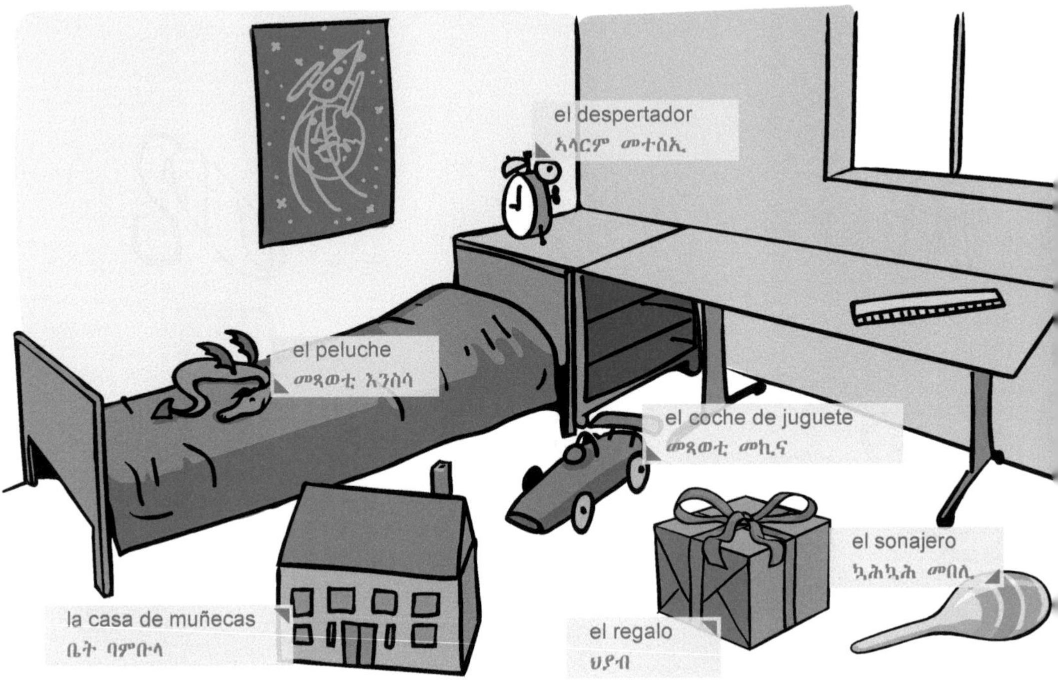

el despertador
ኣላርም መተስኢ
el peluche
መጻወቲ እንስሳ
el coche de juguete
መጻወቲ መኪና
el sonajero
ኳሕኳሕ መበሊ
la casa de muñecas
ቤት ባምቡላ
el regalo
ህያብ

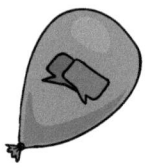

el globo

ባላንችና

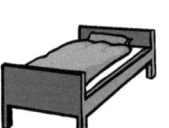

la cama

ዓራት

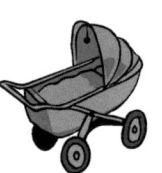

el cochecito

ሰረገላ ህጻን

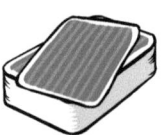

las cartas

ጸወታ ካርታ

el rompecabezas

ሕንቅሊተይ

SUPER
MEGA

la historieta

ኮሚዲ

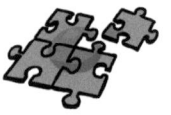

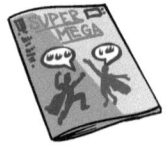

las piezas de lego

እምንታት መጫወቲ ለጎ

los ladrillos de juguete

መጫወቲ እምንታት

la figura de acción

በዓል አክቶን

el enterito (de bebé)

ክዳን ማማይ

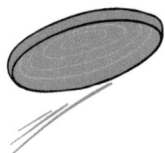

el frisbee

ፍሪስቢ

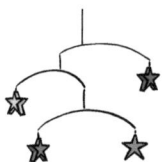

el móvil para bebés

ሞባይል ማማይ

el juego de mesa

ጸወታ ሰሌዳ

los dados

ኩቦ

el tren eléctrico

ሞደል ባቡር ምድሪ

el chupete

ዓባስ

la fiesta

ፓርቲ

el libro de cuentos ilustrado

መጽሓፍ ስእሊ

la pelota

ኩዕሶ

la muñeca

ባምቡላ

jugar

ተጻወተ

el arenero

መጻወቲ ሑጻ

la hamaca

ሰላል

los juguetes

መጻወቲታት

la consola de videojuegos

ኮንሶል ቪድዮ

el triciclo

መጻወቲ ሰለስተ መንኮርኮር

el osito de peluche

ተዲ

el armario

ከብሒ ክዳን

las medias

ካልስታት

las medias panty

ነዊሕ ካልስታት

las calzas

ስረ ካልሲ

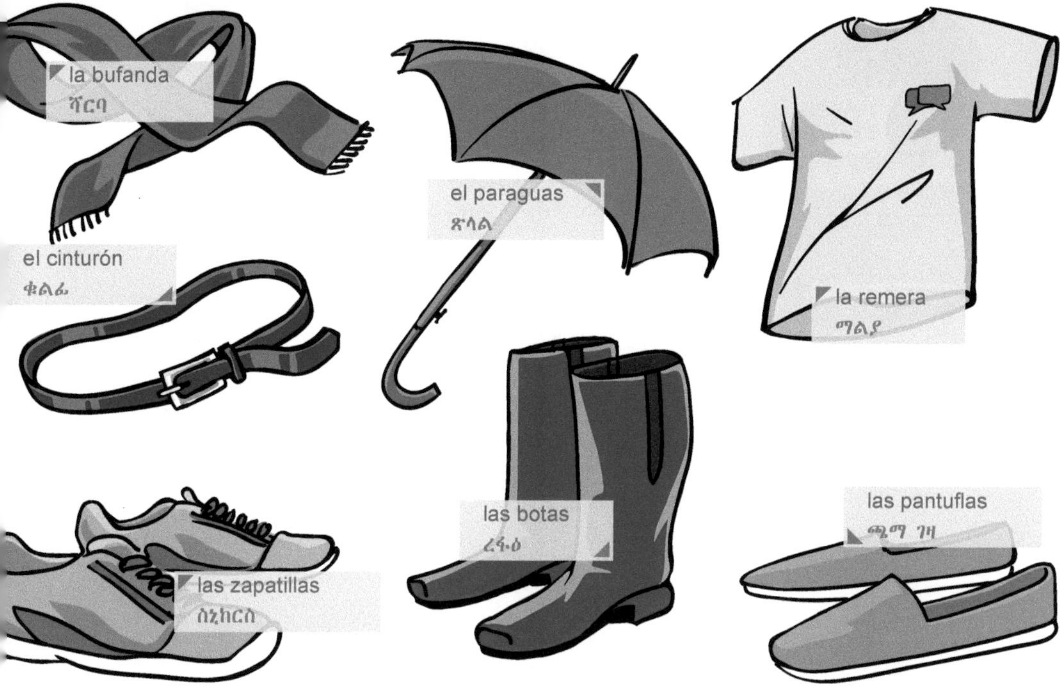

la bufanda
ሻርባ

el paraguas
ጽላል

el cinturón
ቀልፊ

la remera
ማልያ

las zapatillas
ስኒከርስ

las botas
ረፋዕ

las pantuflas
ጫማ ገዛ

las sandalias
ሸበጥ

los zapatos
ጫማ

las botas de goma
ረፋዕ ጎማ

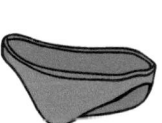

la ropa interior
ሙታንታ

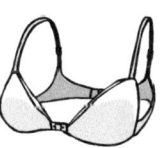

el corpiño
ክዳን ጡብ

el chaleco
ትሕተ ካሚቻ

el body

ቦዲ

los pantalones

ስረ

los jeans

ጄንስ

la pollera

ቀምሽ

la blusa

ካምቻ

la camisa

ካሚቻ

el pulóver

ጉልፌ

el buzo

ጎልፌ

el blazer

ጃኬት

la campera

ጃከት

el tapado

ጁባ

el piloto

ክዳን ዝናብ

el traje

ኮስቱም

el vestido

ቀምሽ

el vestido de novia

ቀምሽ መርዓ

el traje

ልብሲ

el camisón

ካሚቻ ለይቲ

el pijama

ክዳን ለይቲ

el sari

ሳሪ

el pañuelo para la cabeza

መሃረብ ርእሲ

el turbante

ቱርባን

la burka

ቡርካ

el caftán

ካፍታን

la abaya

ኣባያ

el traje de baño

ክዳን መሕምበሲ

el short de baño

ስረ መሕምበሲ

los shorts

ሓጺር ስረ

el jogging

ክዳን ታዕሊም

el delantal

በጃ ክዳን

los guantes

ጓንቲ

el botón

መልጎም

los anteojos

መነጽር

la pulsera

በንናጅር

el collar

ማዕተብ

el anillo

ቀለበት

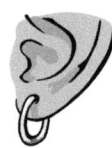

el aro

ኩትሻ

la gorra

ቆብዕ

la percha

መንበሪ ጁባ

el sombrero

ባርኔጣ

la corbata

ካርራቫት

el cierre

ሻርነጣ

el casco

ሀልመት

los tiradores

መድልደል ስረ

el uniforme escolar

ድቢዛ ቤትትምህርቲ

el uniforme

ድቢዛ

el babero

ሰደርያ ቆልዓ

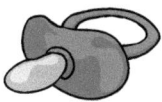

el chupete

ዓባስ

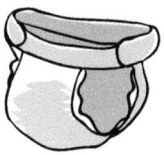

el pañal

ጨርቂ ማማይ

la oficina
ቤት ጽሕፈት

el servidor

ሰርቨC

el archivero

ከብሒ ሰነድ

la impresora

ፕሪንተC

el papel

ወረቐት

el monitor

ሞኒቶC

el escritorio

ጣውላ ምጽሓፍ

el mouse

ኣንጭዋ

la carpeta

ሓጀሪ

el teclado

ኪቦርድ

el tacho (de basura)

ጎሓፍ ወረቐት

la computadora

ኮምፒተC

la silla

መንበC

la taza de café

ብርጭቆ ቡን

la calculadora

ካልኩለተC

el internet

ኢንተርነት

la laptop

ላፕቶፕ

la carta

ደብዳበ

el mensaje

መልእኽቲ

el celular

ሞባይል

la red

ነትወርክ/መርበብ

la fotocopiadora

መቅድሒ ፎቶኮፒ

el software

ሶፍትዌር

el teléfono

ተለፎን

el tomacorriente

ሶከት ኳረንቲ

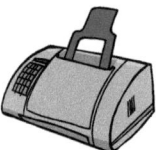

el fax

ፋክስ

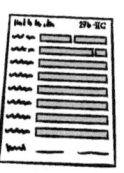

el formulario

ፎርም

el documento

ሰነድ

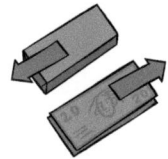

comprar

ገዝአ

pagar

ከፈለ

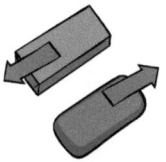

hacer negocios

ንግዲ

el dinero

ገንዘብ

el dólar

ዶላር

el euro

አይሮ

el yen

የን

el rublo

ሩብል

el franco suizo

ስዊዝ ፍራንክን

el yuan

ረንሚንቢ፣ ዩዋን

la rupia

ሩፕየ

el cajero automático

መውጽኢ፣ ማሺን ገንዘብ

la casa de cambio

ቦታ ቅያር ገንዘብ

el oro

ወርቂ

la plata

ብሩር

el petróleo

ዘይቲ

la energía

ሓይሊ

el precio

ዋጋ

el contrato

ውዕል

el impuesto

ቀረጽ

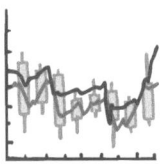

la acción

እኩብ ጥረ-ነገራት

trabajar

ሰርሐ

el empleado

ሰራሕተኛ

el empleador

ኣስራሒ

la fábrica

ትካል

el negocio

ዱኳን

las ocupaciones

ሞያታት

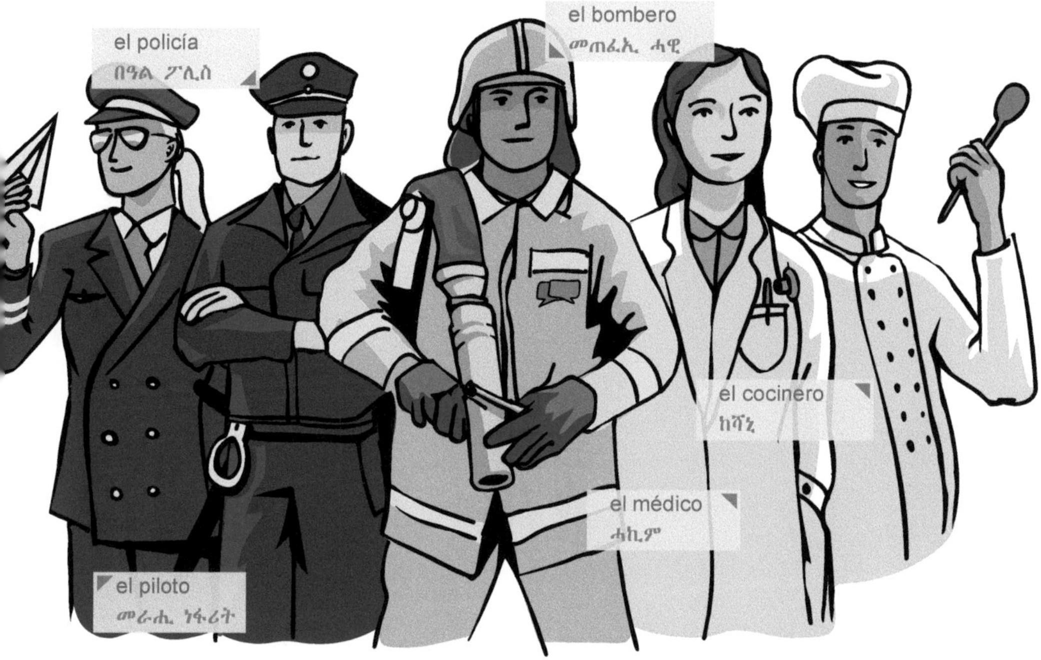
el policía
በዓል ፖሊስ
el bombero
መጠፊኢ ሓዊ
el cocinero
ከሻኒ
el médico
ሓኪም
el piloto
መራሒ ነፋሪት

el jardinero

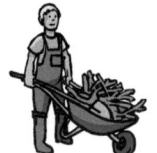

ሰራሕተኛ ጀርዲን

el carpintero

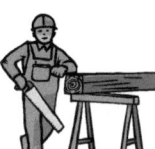

ጸራቢ ዕንጸይቲ

la modista

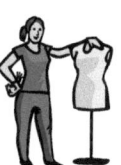

ሰፋይት

el juez

ፈራዳይ

el farmacéutico

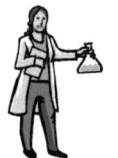

ቀማሚ

el actor

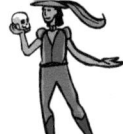

ተዋሳኢ

el colectivero

መራሒ አዉቶቡስ

el taxista

አውቲስታ ታክሲ

el pescador

ገፋፊ ዓሳ

la mucama

ጸራጊት

el techista

ሃናጻይ ናሕሲ

el mozo

አሰላፊ

el cazador

ሃዳናይ

el pintor

ሰኣላይ

el panadero

እንዳ ሕብስቲ

el electricista

ኤለትሪከኛ

el albañil

ሃናጺ አባይቲ

el ingeniero

ሃንዳሲ

el carnicero

ሰራሕተኛ እንዳ ስጋ

el plomero

ድራብሊኮ

el cartero

አማላሳሊ ፖስጣ

el soldado

ወተሃደር

el arquitecto

መሃንድስ

el cajero

ተሓዝ ገንዘብ

el florista

ሰራሕተኛ ዕምባባ

el peluquero

ቀም ቃማይ

el cobrador

ፈተሪኖ

el mecánico

መካኒክ

el capitán

መራሒ መርከብ

el dentista

ሓኪም ስኒ

el científico

ተመራማሪ

el rabino

ራቢ

el imán

ኢማም

el monje

ፈላሲ

el sacerdote

ቀሺ

las herramientas

ናውቲ

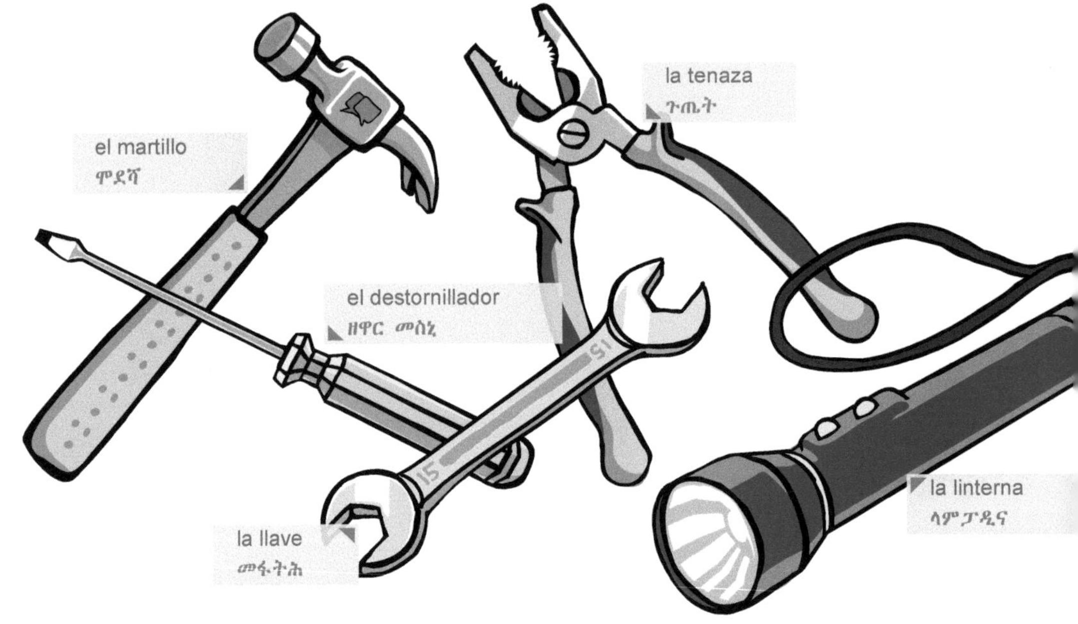
el martillo
ሞደሻ
la tenaza
ጉጤት
el destornillador
ዘዋር መስኒ
la llave
መፋትሕ
la linterna
ላምፓዲና

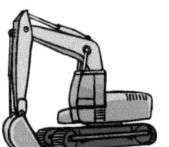

la excavadora

ፈሓሪ

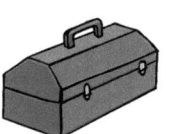

la caja de herramientas

ናውቲ ቦክስ

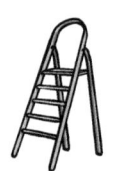

la escalera portátil

መደያይቦ

la sierra

መጋዝ

los clavos

መስማር

el taladro

ኰዓቲ

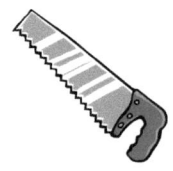

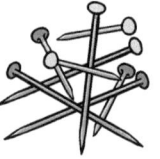

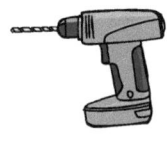

arreglar

ም ዕ ራ ይ

la pala de jardín

ባደላ

¡Qué bronca!

አይ!

la pala de plástico

መትሓዚ ዶርና

el tacho de pintura

ድስቲ ቀለም

los tornillos

ካቻቢተ

los instrumentos musicales

መሳርሒ ሙዚቃ

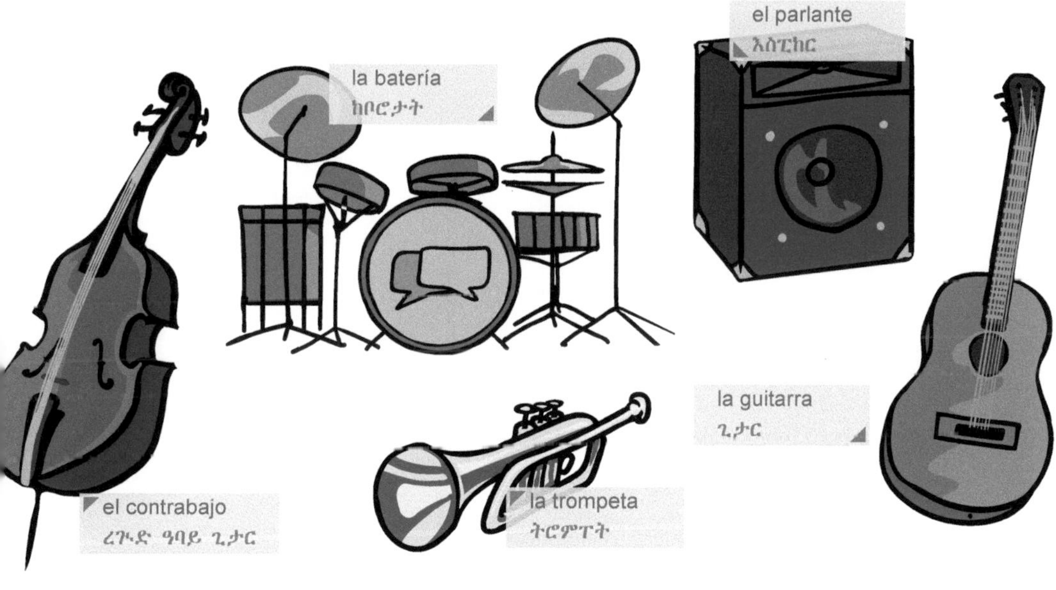

la batería
ከበሮታት

el parlante
እስፒከር

el contrabajo
ረጉድ ዓባይ ጊታር

la trompeta
ትሮምፐት

la guitarra
ጊታር

el piano

ፒያኖ

el violín

ቪዮሊን

el bajo

ባስ ጊታር

los timbales

ቲምንኢ

el tambor

ከበሮ

el teclado

ኦርጋን

el saxofón

ሳክሶፎን

la flauta

ሻምብቆ

el micrófono

ሚክሮፎን

el zoológico

መካነ እንስሳታት

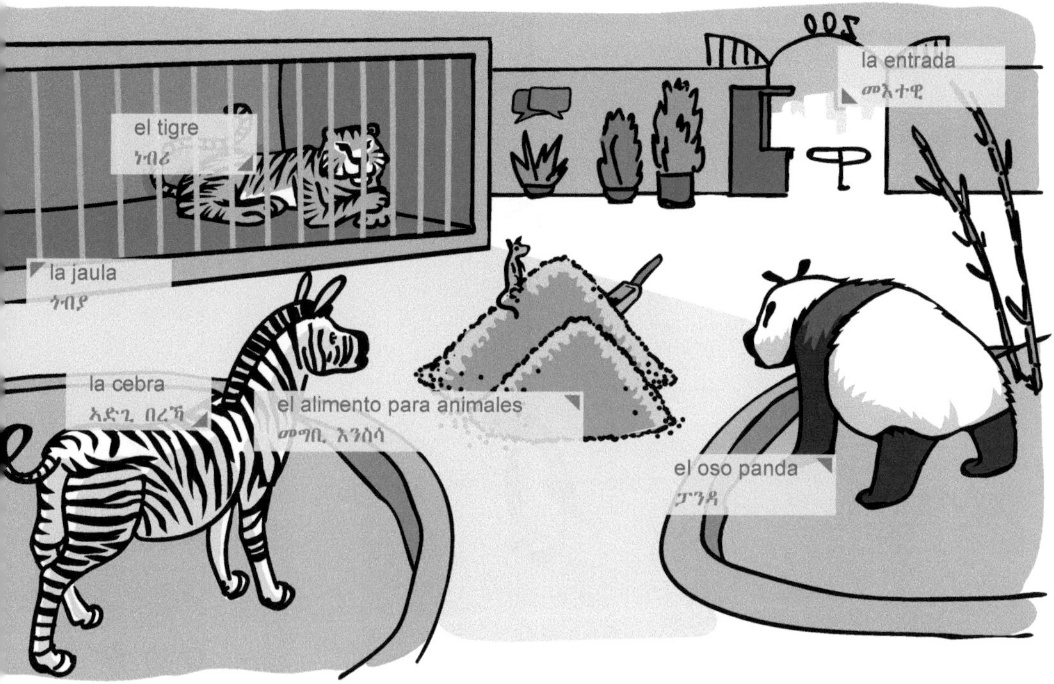

la entrada
መእተዊ
el tigre
ነብሪ
la jaula
ጎብያ
la cebra
ኣድጊ በረኻ
el alimento para animales
መግቢ እንስሳ
el oso panda
ፓንዳ

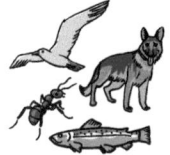

los animales
እንስሳታት

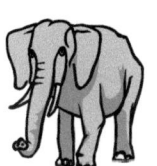

el elefante
ሓርማዝ

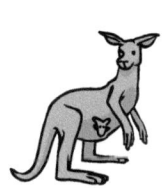

el canguro
ካንጋሩ

el rinoceronte
ሓሪሽ

el gorila
ጉሪላ

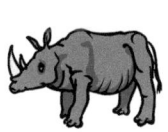

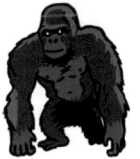

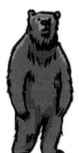

el oso
ድቢ

el camello

ገመል

el avestruz

ሰገን

el león

አንበሳ

el mono

ህበይ

el flamenco

ፍላሚንጎ

el loro

ሕንጻይ

el oso polar

ድቢ በረድ

el pingüino

ፐንጉን

el tiburón

ከልቢ ዓሳ

el pavo real

ጣውስ

la serpiente

ተመን

el cocodrilo

ሓርገጽ

el cuidador del zoológico

ሓላዊ ቤት ገርዲሽ

la foca

ዓሳ ዚምገብ እንስሳ ባሕሪ

el jaguar

ጆጓር

el poni

ሓጺር ፈረስ

el leopardo

ነብሪ

el hipopótamo

ጉማረ

la jirafa

ጂራፍ

el águila

ሊላ

el jabalí

መፍለስ

el pescado

ዓሳ

la tortuga

ጎብየ

la morsa

ዋልሩስ

el zorro

ጠኸርያ

la gacela

ሰስሓ

el fútbol americano
ናይ ኣሜሪካ ኩዕሶ እግሪ

el ciclismo
ምዝዋር ብሽግለታ

el tenis
ተኒስ

el básquet
ባስከትባል

la natación
ምሕምባስ

el hockey sobre hielo
ሆኪ በረድ

el boxeo
ቦክሲንግ

el fútbol
ኩዕሶ እግሪ

el bádminton
ባድሚንተን

el atletismo
እስፖርታዊ ንጥፈታት

el handball
ኩዕሶ ኢድ

el esquí
ስኪ

el polo
ፖሎ

reír
ስሓቕ

saltar
ነጠረ

abrazar
ሓቖፈ

caminar
ከደ

cantar
ደረፈ

soñar
ሓለመ

rezar
ጸለየ

besar
ሰዓመ

escribir
ጸሓፈ

dibujar
ሰኣለ

mostrar
ኣርኣየ

presionar
ደፍአ

dar
ሃበ

tomar
ወሰደ

tener

አለዉ

hacer

ገበረ

ser

ኮነ

estar parado

ጠጠዉ በለ

correr

ጎየየ

tirar

ሰሐበ

tirar

ሰንደዉ

caer

ወደቐ

estar acostado

ሐሰዉ

esperar

ተጸበየ

llevar

ሰከም

estar sentado

ኮፍ በለ

vestirse

ተኸድነ

dormir

ደቀሰ

despertar

ተስአ

64 las actividades - ንጥፈታት

mirar

ረኣየ

llorar

በኸየ

acariciar

ብኣጻብዑ ደረዘ

peinar

መሸጠ

hablar

ተዛረበ

entender

ተረድአ

preguntar

ሓተተ

escuchar

ሰም0

beber

ሰተየ

comer

በል0

ordenar

አቓመጠ

amar

አፍቀረ

cocinar

ከሸነ

manejar

ዘወረ

volar

ነፈረ

navegar

ብመርከብ ገየሽ

calcular

ደመረ

leer

አንበበ

aprender

ተመሃረ

trabajar

ሰርሐ

casarse

መርዓወ

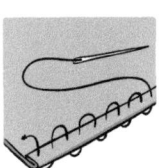

coser

ሰፈየ

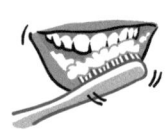

cepillarse los dientes

ጽሬት አስናን

matar

ቀተለ

fumar

ሽጋራ ተከኸ

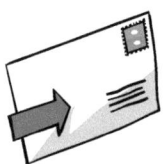

enviar

ሰደደ

la familia

ስድራቤት

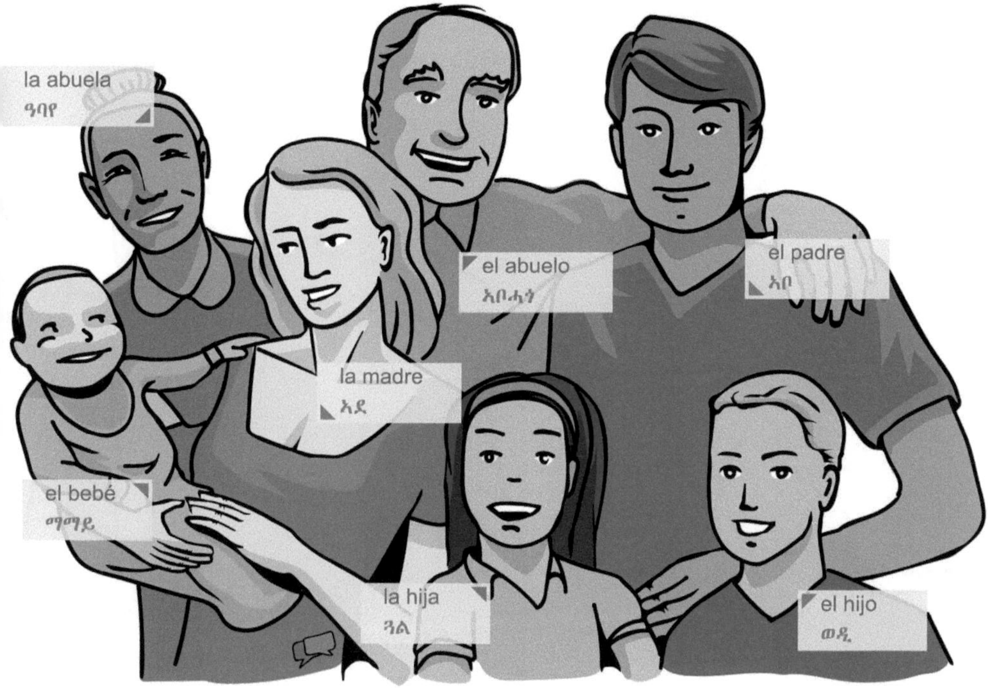
la abuela
ዓባየ
el abuelo
ኣቦሓጎ
el padre
ኣቦ
la madre
ኣደ
el bebé
ማማይ
la hija
ጓል
el hijo
ወዲ

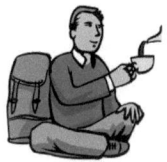

el invitado

ጋሻ

la tía

ሓትኖ

el tío

ኣኮ

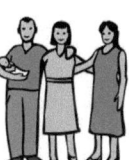

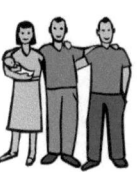

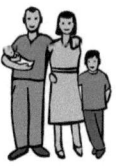

el hermano

ሓው

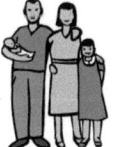

la hermana

ሓፍቲ

el cuerpo

ኣካላት

la frente
ግንባር
el ojo
ዓይኒ
el hombro
መንኩብ
el dedo
ኣጻብዕ
la cara
ገጽ
la pera
መንከስ
la mano
ኢድ
la pierna
ሽፋን እግሪ
el pecho
ኣፍ-ልቢ
el brazo
ምናት

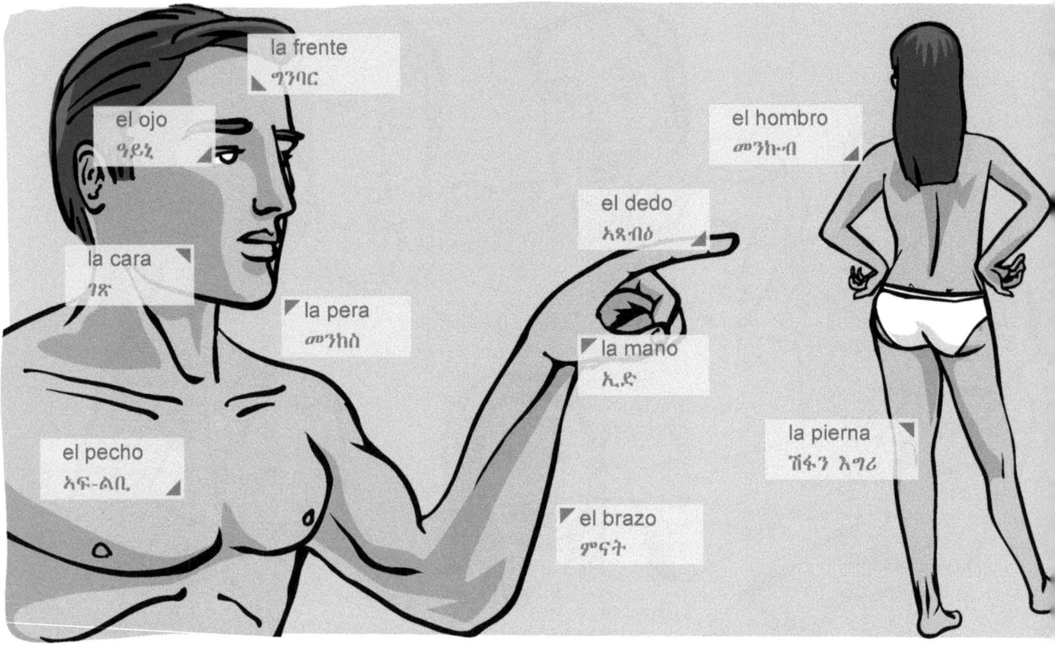

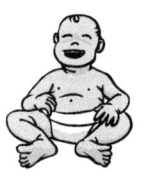

el bebé

ማማይ

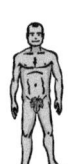

el hombre

ሰብኣይ

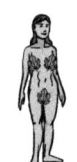

la mujer

ሰበይቲ

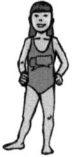

la nena

ጓል

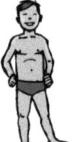

el nene

ወዲ

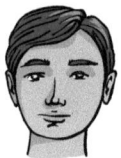

la cabeza

ርእሲ

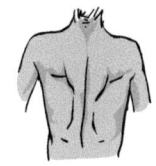

la espalda

ሕቖ

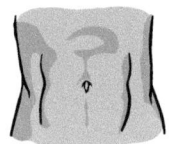

la panza

ከስዐ

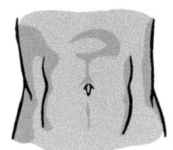

el ombligo

ሕምብርቲ

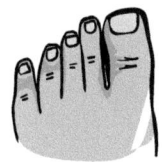

el dedo del pie

ኣጻብዕ እግሪ

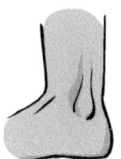

el talón

ኩርኹረ

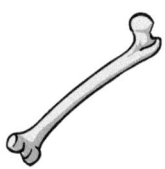

el hueso

ዓጽሚ

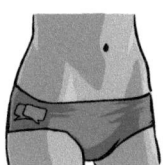

la cadera

ምሕኮልቲ

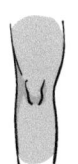

la rodilla

ብርኪ

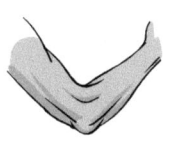

el codo

ፍግፍጐ

la nariz

ኣፍንጫ

la cola

መዓኮር

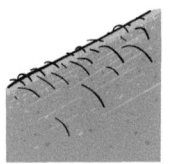

la piel

ቆርበት

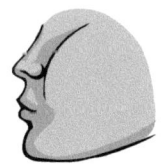

el cachete

ምዕጉርቲ

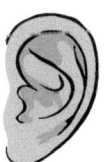

la oreja

እዝኒ

el labio

ከንፈር

la boca
....
አፍ

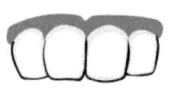

el diente
....
ስኒ

la lengua
....
መልሓስ

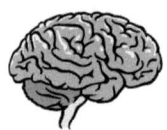

el cerebro
....
ሓንጎል

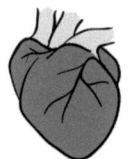

el corazón
....
ልቢ

el músculo
....
ጭዋዳ

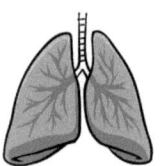

el pulmón
....
ሳንቡእ

el hígado
....
ጸላም ከብዲ

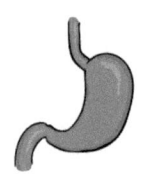

el estómago
....
ከብዲ

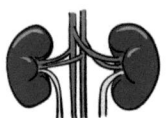

los riñones
....
ኮሊት

el sexo
....
ግብረ ስጋ

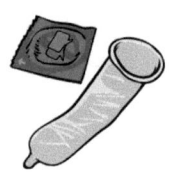

el preservativo
....
ኮንዶም

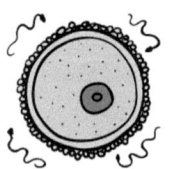

el óvulo
....
እንቋቍሓ

el semen
....
ዘርኢ ተባዕታይ

el embarazo
....
ጥንሲ

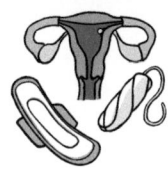

la menstruación

ጽግያት

la vagina

ርሕሚ

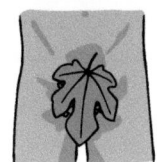

el pene

መትሎ

la ceja

ሽፋሽፍቲ

el pelo

ጸጉሪ

el cuello

ክሳድ

el hospital

ሆስፒታል

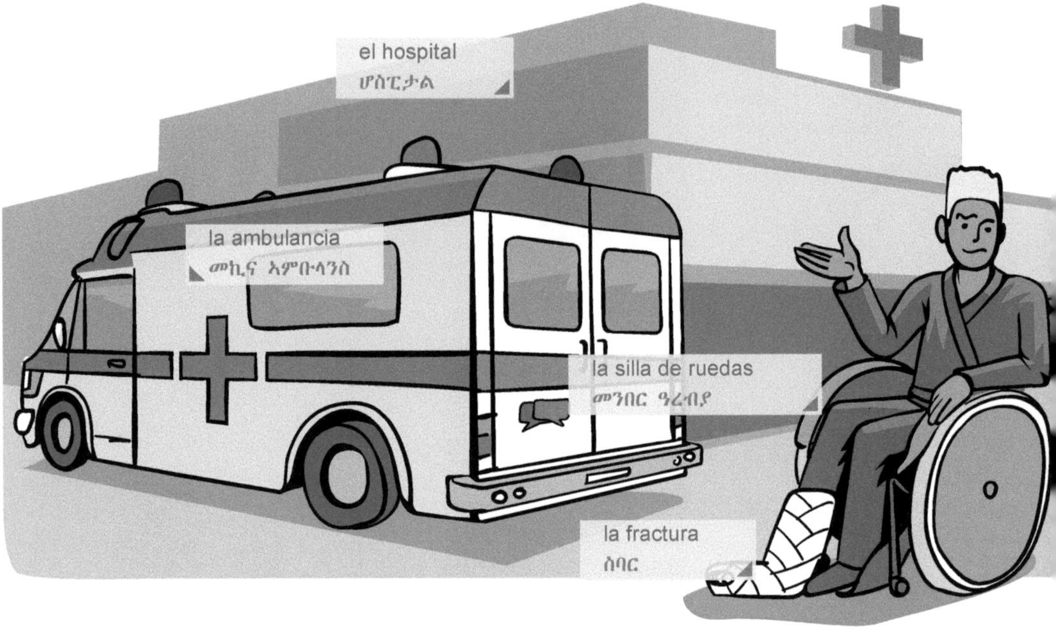

el hospital
ሆስፒታል
la ambulancia
መኪና ኣምቡላንስ
la silla de ruedas
መንበር ዓረብያ
la fractura
ስባር

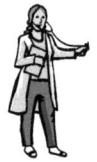

el médico

ሓኪም

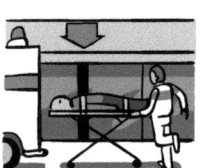

la sala de guardia

ክፍሊ ህጹጽ ረድኤት

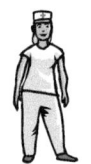

la enfermera

ኣላይት

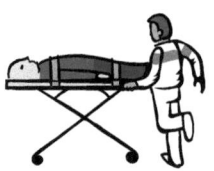

la emergencia

ህጹጽ ኩነት

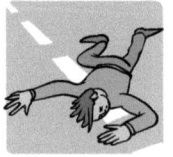

inconsciente

ውነኡ ዘጥፍአ

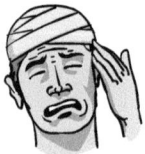

el dolor

ቃንዛ

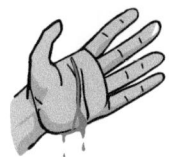

la lesión

ጉድኣት

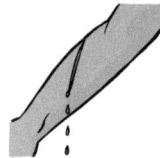

la hemorragia

ደም

el infarto

ማህረምቲ

el ACV

ማህረምቲ

la alergia

ኣለርጂ

la tos

ሰዓል

la fiebre

ረስኒ

la gripe

ኡንፍልወንዛ

la diarrea

ውጽኣት

el dolor de cabeza

ቃንዛ ርእሲ

el cáncer

መንሽሮ

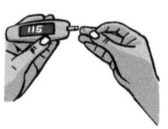

la diabetes

ሹኮርያ

el cirujano

ሓኪም መጥባሕቲ

el bisturí

መጥበሒ

la operación

መጥባሕቲ

la TC

CT

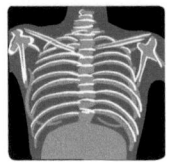

los rayos x

ራጇ

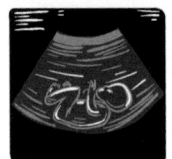

la ecografía

ልዕለ ድምጻዊ

el barbijo

መሸፈኒ ገጽ

la enfermedad

ሕማም

la sala de espera

ክፍሊ ምጽባይ

la muleta

ምርኩስ

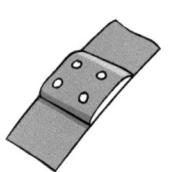

la curita

መጀነኒ ቑስሊ

la venda

መጀነኒ

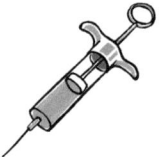

la inyección

መርፍዕ ምውጋእ

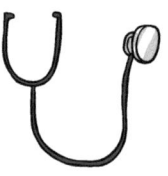

el estetoscopio

ስተቶስኮፕ

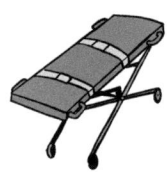

la camilla

መሰከሚ ሕማም

el termómetro

ቴርሞመተር

el nacimiento

ትውልዲ

el sobrepeso

ልዕለ-ሚዛን

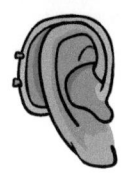

el audífono

ሓገዝ ምስማዕ

el desinfectante

ኣንጻሒ

la infección

ልበዳ

el virus

ቫይረስ

el VIH / SIDA

ኤድስ

el remedio

ሕክምና

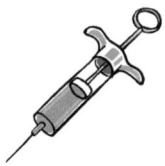

la vacunación

ክታብ

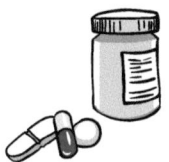

los comprimidos

ከኒና

la pastilla anticonceptiva

ከኒና

llamada de emergencia

ህጹጽ ምድዋል

el tensiómetro

መዕቀኒ ጸቕጢ ደም

enfermo / sano

ሕሙም / ጥዑይ

¡Ayuda!

ሓገዝ

la alarma

ኣላርም

la agresión

ምህጃም

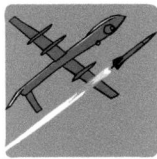

el ataque

መጥቃዕቲ

el peligro

ድንገት

la salida de emergencia

ህጹጽ መውጽኢ

¡Fuego!

ሓዊ!

el matafuego

መጥፍኢ ሓዊ

el accidente

ሓደጋ

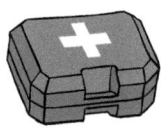

el botiquín de primeros
auxilios

ሳንጣ ቀዳማይ ረድኤት

el SOS

SOS

la policía

ፖሊስ

Europa

ኤውሮጳ

América del Norte

ሰሜን አመሪካ

América del Sur

ደቡብ አመሪካ

África

አፍሪቃ

Asia

ኤስያ

Australia

አውስትራልያ

el Atlántico

አትላንቲክ

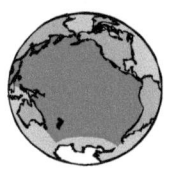

el Pacífico

ፓሲፊክ

el Océano Índico

ህንዳዊ ዉቕያኖስ

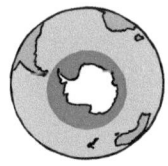

el Océano Antártico

አንታርቲካዊ ዉቕያኖስ

el Océano Ártico

አርክቲካዊ ዉቕያኖስ

el polo norte

ሰሜናዊ ዋልታ

el polo sur
ደቡባዊ ዋልታ

la Antártida
አንታርቲካ

la Tierra
ምድሪ

la tierra
መሬት

el mar
ባሕሪ

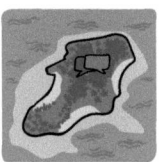

la isla
ደሴት

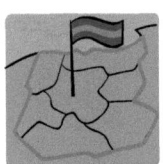

la nación
ሃገር

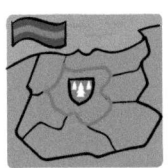

el estado
ዓዲ

la esfera

ገጽ ሰዓት

la manecilla de las horas

አመልካቺ ሰዓታት

el minutero

አመልካቺ ደቃይቅ

el segundero

አመልካቺ ካልኢት

¿Qué hora es?

ሰዓት ክንደይ አሎ?

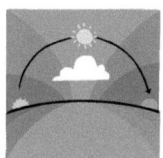

el día

መዓልቲ

la hora

ግዜ

ahora

ሕጂ

el reloj digital

ዲጊታል ሰዓት

el minuto

ደቒቕ

la hora

ሰዓት

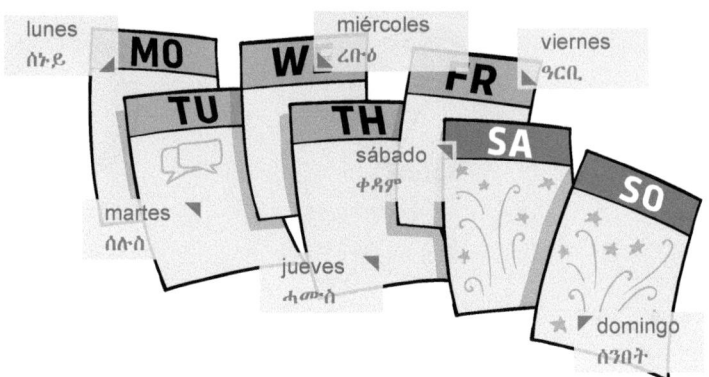

lunes
ሰኑይ

martes
ሰሉስ

miércoles
ረቡዕ

jueves
ሓሙስ

viernes
ዓርቢ

sábado
ቀዳም

domingo
ሰንበት

ayer
ትማሊ

hoy
ሎሚ

mañana
ጽባሕ

la mañana
ንጎሆ

el mediodía
ቀትሪ

la tarde
ምሸት

MO	TU	WE	TH	FR	SA	SU
1	2	3	4	5	6	7
8	9	10	11	12	13	14
15	16	17	18	19	20	21
22	23	24	25	26	27	28
29	30	31	1	2	3	4

los días hábiles
መዓልታት ስራሕ

MO	TU	WE	TH	FR	SA	SU
1	2	3	4	5	6	7
8	9	10	11	12	13	14
15	16	17	18	19	20	21
22	23	24	25	26	27	28
29	30	31	1	2	3	4

el fin de semana
መወዳእታ ሰሙን

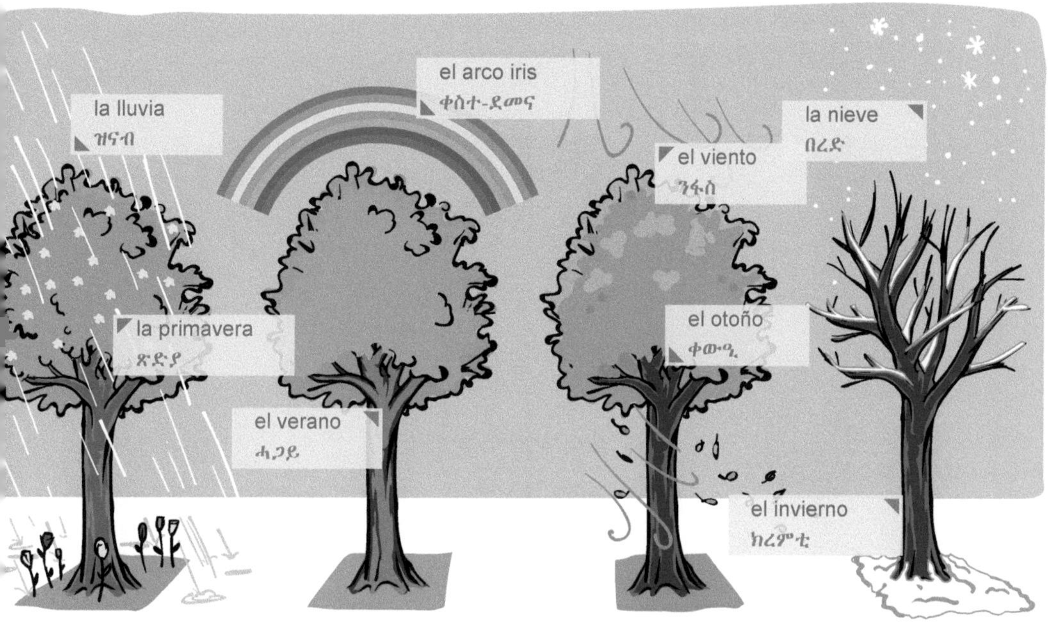

la lluvia
ዝናብ
el arco iris
ቀስተ-ደመና
la nieve
በረድ
el viento
ንፋስ
la primavera
ጽድያ
el otoño
ቀውዒ
el verano
ሓጋይ
el invierno
ክረምቲ

4.APRIL 11°
5.APRIL 4°
6.APRIL 13°
7.APRIL 8°
8.APRIL 10°

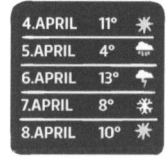

pronóstico meteorológico

....

ትንቢት ኩነታት ኣየር

F C
120 90 60 30 0 -30
40 30 20 10 0 -10 -20

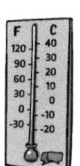

el termómetro

....

ቴርሞመተር

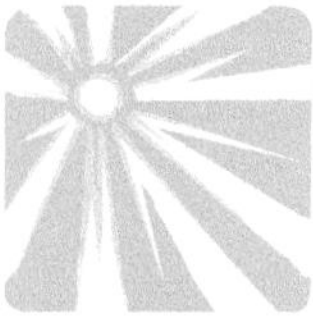

la luz del sol

....

ብርሃን ጸሓይ

la nube

....

ደበና

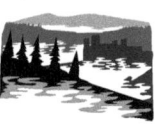

la niebla

....

ግመ

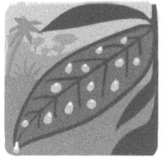

la humedad

....

ጠሊ

el rayo
ብርቂ

el trueno
ነጉዳ

la tormenta
ህቦብላ

el granizo
በረድ

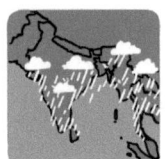

el monzón
ብርቱዕ ህቦብላ

la inundación
ውሕጅ

el hielo
በረድ

enero
ጥሪ

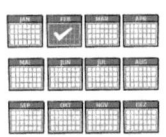

febrero
ለካቲት

marzo
መጋቢት

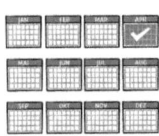

abril
ሚያዝያ

mayo
ጉንበት

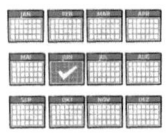

junio
ሰነ

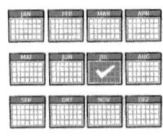

julio
ሓምለ

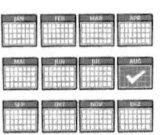

agosto
ነሓሰ

el año - ዓመት

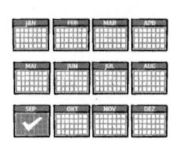

septiembre

....

መስከረም

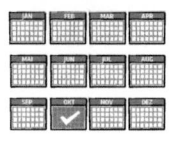

octubre

....

ጥቅምቲ

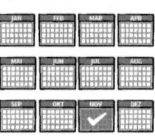

noviembre

....

ሕዳር

diciembre

....

ታሕሳስ

las formas

ቅርጻታት

el círculo

....

ዙርያ

el cuadrado

....

ትርብዒት

el rectángulo

....

ቅኑዕ ርቡዕ ኲርናዕ

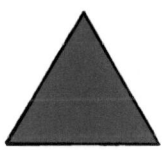

el triángulo

....

ስሉስ ኩርናዕ

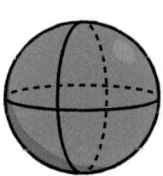

la esfera

....

ክቢ

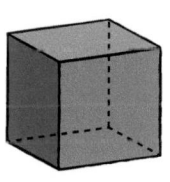

cl cubo

....

ኩቦ

blanco

ጸዕዳ

amarillo

ብጫ

naranja

አራንሺ

rosa

ፒንክ

rojo

ቀይሕ

violeta

ጆኸ

azul

ሰማያዊ

verde

ቀጠልያ

marrón

ቡናዊ

gris

ሓሙኽሽታይ

negro

ጸሊም

mucho / poco

ብዙሕ / ውሑድ

enojado / tranquilo

ሕሩቕ / ሰላማዊ

lindo / feo

ጽቡቕ / ክፉእ

el principio / el fin

መጀመርያ / መወዳእታ

grande / chico

ዓቢ / ንእሽቶ

claro / oscuro

ብሩህ / ጸልማት

el hermano / la hermana

ሓው / ሓፍት

limpio / sucio

ጽሩይ / ርሳሕ

completo / incompleto

ምሉእ / ዘይምሉእ

el día / la noche

መዓልቲ / ለይቲ

muerto / vivo

ሙዉት / ህልው

ancho / angosto

ሰፊሕ / ጸቢብ

comestible / no comestible

·················

ደስ ዘበል / ደስ ዘይብል

malo / amable

·················

እኩይ / ህያዋይ

entusiasmado / aburrido

·················

ርቡጽ / ስልኩይ

gordo / flaco

·················

ረጊድ / ቀጢን

primero / último

·················

ቀዳማይ / ናይ መወዳእታ

el amigo / el enemigo

·················

ዓርኪ / ጸላኢ

lleno / vacío

·················

ምሉእ / ባዶ

duro / blando

·················

ተሪር / ልስሉስ

pesado / liviano

·················

ከቢድ / ፈኵስ

el hambre / la sed

·················

ጥምየት / ጽምየት

enfermo / sano

·················

ሕሙም / ጥዑይ

ilegal / legal

·················

ዘይሕጋዊ / ሕጋዊ

inteligente / estúpido

·················

መስተውዓሊ / ስዲ

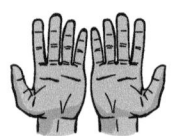

izquierda / derecha

·················

ጸጋም / የማን

cerca / lejos

·················

ቐረባ / ርሑቕ

nuevo / usado

ሓዲሽ / ብሉይ

nada / algo

ዋላ ሓደ / ገለ

viejo / joven

ዓቢ/ኣረጊት / መንእሰይ

encendido / apagado

ወልዕ / ኣጥፍእ

abierto / cerrado

ክፉት / ዕጹው

silencioso / ruidoso

ህዱእ / ዓው

rico / pobre

ሃብታም / ድኻ

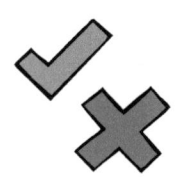

correcto / incorrecto

ቅኑዕ / ግጉይ

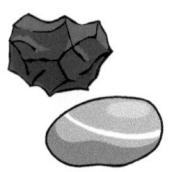

áspero / suave

ሓርፋፍ / ልሙጽ

triste / contento

ጉሁይ / ሕጉስ

corto / largo

ሓጺር / ነዊሕ

lento / rápido

ቀስ / ቅልጡፍ

mojado / seco

ጥሉል / ንቑጽ

caliente / frío

ምዉቕ / ዝሑል

guerra / paz

ውግእ / ሰላም

0

cero

ዜሮ

1

uno

ሓደ

2

dos

ክልተ

3

tres

ሰለስተ

4

cuatro

አርባዕተ

5

cinco

ሓሙሽተ

6

seis

ሽዱሽተ

7

siete

ሸውዓተ

8

ocho

ሸሞንተ

9

nueve

ትሽዓተ

10

diez

ዓሰርተ

11

once

ዓሰርተ ሓደ

12

doce

ዓሰርተ ክልተ

13

trece

ዓሰርተ ሰለስተ

14

catorce

ዓሰርተ ኣርባዕተ

15

quince

ዓሰርተ ሓሙሽተ

16

dieciséis

ዓሰርተ ሽዱሽተ

17

diecisiete

ዓሰርተ ሸውዓተ

18

dieciocho

ዓሰርተ ሸሞንተ

19

diecinueve

ዓሰርተ ትሽዓተ

20

veinte

ዕስራ

100

cien

ሚእቲ

1.000

mil

ሽሕ

1.000.000

el millón

ሚልዮን

el inglés

እንግሊዝኛ

el inglés americano

አሜሪካዊ እንግሊዛዊ

el chino mandarín

ቻይናዊ ማንዳሪን

el hindi

ሂንዳዊ

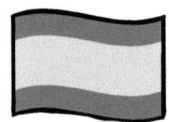

el español

እስጳኛዊ

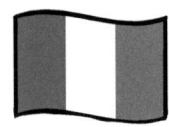

el francés

ፈረንሳዊ

el árabe

ዓረባዊ

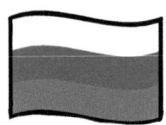

el ruso

ሩሲያዊ

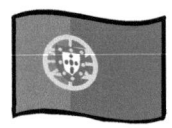

el portugués

ፖርቱጋላዊ

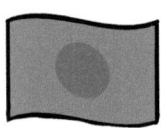

el bengalí

በንጋሊ

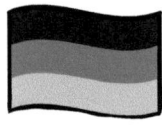

el alemán

ጀርመናዊ

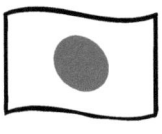

el japonés

ጃፓናዊ

yo

አነ

vos

ንስኻ/ኺ

él / ella

ንሱ / ንሳ / ንሱ

nosotros

ንሕና

ustedes

ንስኻ

ellos

ንሳቶም

¿quién?

መን?

¿qué?

እንታይ?

¿cómo?

ከመይ?

¿dónde?

አበይ?

¿cuándo?

መዓስ?

el nombre

ሽም

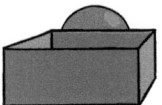

detrás

ድሕሪ

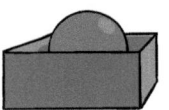

en

ኣብ

adelante de

ኣብ ቅድሚ

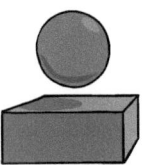

por encima de

ኣብ ላዕሊ

sobre

ኣብ ልዕሊ

debajo de

ትሕቲ ምድሪ

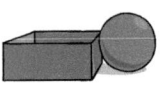

al lado de

ኣብ ጥቓ

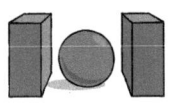

entre

ኣብ መንጎ

el lugar

ቦታ